EDITED BY

JOHN H. REILLY
QUEENS COLLEGE OF THE CITY UNIVERSITY OF NEW YORK

Intermezzo
by Jean Giraudoux

NEW YORK

APPLETON-CENTURY-CROFTS
DIVISION OF MEREDITH PUBLISHING COMPANY

PREFACE

If literary critics were asked to name the most characteristic Giraudoux play, it is highly possible that the choice would be *Intermezzo*. This comedy-fantasy is the first theatrical effort that the dramatist developed from his own inspiration. As a result, it is perhaps the most typical in its blend of observation and fantasy, the real and the ideal.

The unique manipulation of language, the provocative ideas, and the charm of the author's personality provide an extremely effective text for discussion and analysis at an intermediate level of study; the decidedly contemporary story of the meaning of existence is especially suitable for courses in twentieth-century French literature.

The long-neglected play is being presented for the first time in a college edition. The present text is based upon the standard Grasset edition of 1933 and has not been changed except for the correction of obvious typographical errors. The Introduction to *Intermezzo* presents a brief account of Giraudoux's life, emphasizing his importance in the theater and briefly discussing the other significant plays in the dramatist's career. In addition, the twentieth-century theater before *Intermezzo* is analyzed, and the significance of Giraudoux's appearance as a playwright is noted. The Introduction then provides a critical analysis of the play, stressing the work's theme and the author's stylistic devices.

Footnotes have been included to explain passages or references which might be difficult for students of a second-year level. In classes where the development of oral proficiency is stressed, supplementary questions and subjects for discussion have been provided.

I wish to thank especially Mme Suzanne Giraudoux and M. Jean-Pierre Giraudoux for their permission to prepare this edition.

J.H.R.

CONTENTS

INTRODUCTION

By 1933, with the performance of *Intermezzo*, the Age of Giraudoux had made its appearance on the French theatrical scene. Jean Giraudoux's distinctively poetic style and elegant language, along with his sparkling wit and unique creativity, had completely captivated both public and critics. In his plays the dramatist exhibited a particular touch which others were unable to copy. The exuberant flow of ideas and the clever and skillful manipulation of words gave evidence of an author whose work seemed eminently suited to the theater. Although his works lacked such overt theatrical traces as movement and character development, the essence of Giraudoux's drama was dialogue, and the verbal elements demanded expression before an audience.

It is hard to believe that the dramatist did not begin writing for the stage until he was forty-six years old. It is even more difficult to imagine that many felt that Giraudoux would not be successful in the theater. He had been a novelist, and his novels had given indication of an imagination and inventiveness which had seemed totally incompatible with the requirements of the stage. Such doubts were soon allayed, however, as Giraudoux was to become one of the most important playwrights of his time, and his plays dominated the French stage between the two World Wars.

Hippolyte-Jean Giraudoux was born in 1882 in Bellac, a small French town in the Limousin area. This tiny provincial village, so insignificant in comparison to the many glories of France, remained in the mind of the sophisticated playwright throughout his lifetime. In his works, especially in his novels, he bestowed

1

lavish praise on the beauties and quaint charms of his birthplace and the surrounding region, and he was to use the area as the locale for *Intermezzo*.

Giraudoux was an outstanding student at the *Lycée* Châteauroux, the *Lycée* of Lakanal, and the well-known *Ecole Normale Supérieure*, where he graduated with top honors. As a scholar, he was often brilliant and always creative. He was particularly interested in literature, of course, and he expressed admiration for La Fontaine, Marivaux, Racine, Ronsard, and Malherbe. As different as these writers are, they all have a sense of style and a feeling for the importance of words, a major point in Giraudoux's own esthetics as a writer.

In addition, Giraudoux did considerable work in the area of German studies and he was sent to Munich, where he had won a scholarship. Later, he visited the United States on two occasions, once as an assistant in the French Department at Harvard University (1906–1907) and, again at Harvard during World War I, as an instructor in military tactics.

Following the war, he entered the field of diplomacy and was assigned to the foreign service. During the next twenty-five years, he pursued a number of activities in this field, including a position as member of the Commission for Evaluation of Allied Damages Suffered in Turkey, a post he held while writing *Intermezzo*. He died in Paris in 1944, shortly before the liberation.

While devoting these many years to public service, Giraudoux established himself as an author. By the time he began writing for the theater in 1928, he had published nine volumes containing novels and short stories, and three volumes of essays or personal recollections. Such works as *Suzanne et le Pacifique*, *Siegfried et le Limousin*, and *Juliette au pays des hommes* had helped make him a writer of some prominence. However, he was, in effect, a novelist of the literary elite and he had not reached a wide public. It was during this period, in the 1920's, that Giraudoux began to think of the stage as offering opportunity for his creative talents. By turning to the theater, he would be able to find a larger and hopefully more appreciative audience. He looked upon the stage as a rejuvenation of his talents, a refreshening of his imagination.

Yet the poetic style and improvisation of his novels seemed

to be irreconcilable with the more limiting demands of the theater. Fate was to play an important part at this time. While Giraudoux was deciding to change his novel, *Siegfried et le Limousin,* into a play, he met the extraordinarily talented director-actor Louis Jouvet, and their successful lifelong collaboration began. Jouvet had been a disciple of Jacques Copeau and of his *Théâtre du Vieux-Colombier,* an important movement in the development of the twentieth-century French theater. He had left the *Vieux-Colombier* in 1924, and was actor-manager of the Comédie des Champs-Elysées theater at the time. Constantly seeking new authors to present, he had already discovered Marcel Achard and Jules Romains before his meeting with Giraudoux.

Under Jouvet's guidance, Giraudoux learned the basic principles of his new profession. He was taught to highlight salient traits and to develop the tensions of his characters, giving them depth and authenticity. He learned to tighten his plays so that they avoided the long, discursive discussions so prevalent in his novels. He was thus able to make his works more appealing to the tastes of theater audiences. Both men worked well together and it was soon impossible to tell where the work of one left off and the work of the other began.

The presentation of *Siegfried* in 1928 turned out to be a significant event in French theatrical history. The drama, which emphasized the themes of personal conflict and decision, as well as Franco-German rivalry and destiny, was well received by the critics, who acclaimed the infusion of new blood into the near-dying stage. The reviewers found the verbal inventiveness and the poetic vision a unique adventure in contemporary theater, and the public echoed the sentiments of the critics.

Two more plays followed before the presentation of *Intermezzo*. *Amphitryon 38* (1929), which retold in Giraudoux fashion the tale of Jupiter and Alcmène, was both a popular and a critical success. The author transformed the ancient myth into a lively account of marital happiness and the human condition. *Judith* (1931), on the other hand, was received somewhat indifferently by the public and critics. Giraudoux had again taken a traditional legend, that of Judith's visit to Holofernes, and had interpreted it so that he could dwell upon problems of particular interest to him: the human couple, love, war, destiny. However, the complexity of the themes and the frequent switch from tragedy to comedy often puzzled and dissatisfied the audiences. The dramatist was hurt at the reception of the play and it was not surprising, therefore, that he sought to recapture his fame with his next work, the comedy-fantasy *Intermezzo*.

Giraudoux then moved from one success to another, to become one of the most important French playwrights of his time, both at home and, eventually, abroad. Three plays in particular stand out during this period. *La Guerre de Troie n'aura pas lieu* (1935) is a magnificent blend of typical Giralducian wit and a brilliant discussion of despair. The play's theme is the abduction of Helen by Paris and the resultant effects of this act. More specifically, Giraudoux comments on man's hope of avoiding war and his seeming inability to stop the never-ending movement towards conflict, a topic that had much significance for the spectator of 1935, and that is not lost on today's public. Of all of the playwright's works, *La Guerre de Troie* has probably been his most important success in the United States, following its presentation in 1956, under the title of *Tiger at the Gates*.

Ondine (1939), the ethereal water nymph who leaves her element to marry a knight, is another of the author's more durable efforts. In the work, Giraudoux delved into the theme of man's attempts to reach out for perfection, for the unknown, only to realize that the happy marriage of the ideal and the real cannot be achieved. Although man may seek a perfect love, in which life becomes an earthly paradise, he is not capable of living up to its irreality, and a tragic denouement must follow.

Giraudoux's most popular play, the humorous *La Folle de Chaillot*, was presented in 1945, the year after his death. Louis Jouvet was able to call upon his many years as the playwright's close collaborator and the fantasy's triumph was assured. The comedy is a stunning exposition of the conflict between illusion and reality, Giraudoux's basic theme, which he first explored in theatrical form in *Intermezzo*. In addition, *La Folle de Chaillot* is a strong indictment of man's perennial greed and ruthlessness.

In all, the dramatist wrote sixteen plays before his untimely death, and no other French playwright of that period challenged his supremacy. His appearance on the theater scene came at an important moment. Although we now look back with satisfaction upon the abundance and creativity of the twentieth-century French stage, the theater was in a time of crisis in the early part of the century. Most of the plays were directed towards simple commercialism and the drama was mainly trite and commonplace. The writers had abandoned their imagination and were content to follow the patterns of their predecessors of the nineteenth century: the well-made plays of Scribe and Sardou, the emphasis on social dramas with a message, the so-called "psychological" theater, the farce, and the eternal triangle comedies.

Only a small segment of the theater world was attempting to develop the drama's possibilities of inventiveness. Lugné-Poe's *Théâtre de l'Œuvre* was one of the few attempts to revive the singularity and the quintessence of the stage; the outstanding achievement of this movement was Maurice Maeterlinck's *Pelléas et Mélisande* (1893). Maeterlinck's verbal beauty, distinctive use of language, and sense of mystery were major elements in an effort to refine and promote the growth of the poetic theater. The *Théâtre de l'Œuvre* also presented Paul Claudel's *L'Annonce faite à Marie* (1912), the first performance of this major work. However, Claudel's plays were known then mainly to a small group of admirers, and it was not until the Second World War that he was to receive his just acclaim. Alfred Jarry's *Ubu roi* (1896) and Guillaume Apollinaire's *Les Mamelles de Tirésias* (1917) were unique efforts at creating a theater which appealed to the spectator's imagination, breaking away from the realism of the moment. Nevertheless, all of these ventures were unsuccessful, for no playwright was able to establish himself with both critics and public.

After World War I, however, a consequential trend in French drama began with Jacques Copeau's *Théâtre du Vieux-Colombier*, which lasted until 1924. Copeau, a director-producer, strove for simplicity in acting and setting, and sought a purity in the dramatic creation. He revived masterpieces of the past, introduced foreign plays to French audiences, and, most significantly, gave opportunities to new contemporary writers. The playwrights, freed from the realistic theater, from the farce, and from the ordinary conventions of the stage, had an opportunity to see their more imaginative works produced. Copeau himself did not discover any major new dramatist, but his theories and his vision acclimated both the audience and those active in the theater to the creative possibilities of any dramatic undertaking. The *Cartel des quatre*, a group composed of four directors who had worked under Copeau, was to carry on the ideas of the *Vieux-Colombier* after 1924. This association, made up of Jouvet, Charles Dullin, Georges Pitoëff, and Gaston Baty, presented new dramatists to the French public, and, of course, Jouvet eventually discovered Giraudoux.

These many endeavors to find for the theater its own special poetry resulted in a clearly defined tendency towards antirealism. The realism of Antoine's *Théâtre Libre*, so popular at the turn of the century, was losing support, and the writers began experimenting. Jacques Guicharnaud comments on the development which was to have such far-reaching influence in modern French drama, ultimately to lead to the theater of the absurd.

Anti-realist, but also suspicious of pure estheticism, French playwrights and directors have tried to synthesize a concrete equivalence of their creation and the world in which we live *and* the constant reminder of the theater's unreality. Identification is meant to take place, not with the surface anecdote, itself a fiction, a masquerade, a poet's lie, but with the deep drama underlying it. Spectators and characters, each in his own way, wear masks which have no more reality one than the others.[1]

When Giraudoux's first play was produced, the then-fashionable dramatists suddenly seemed inferior. His theater left the spectator with a feeling of an absolutely modern and profoundly distinctive writing—poetic as much in its wonderfully manipulated prose as in the sheer fantasy of its conception. His work, which was often inspired by the ancient Greek drama both in content and form, stressed the beauties of language and its expression over the skill of stage movement or action; true drama was found

[1] Jacques Guicharnaud, *Modern French Theatre from Giraudoux to Beckett* (New Haven, Yale University Press, 1961), pp. 15–16.

not in character development, but in metaphysical conflict, the characters often becoming mere representations of an idea. Above all, Giraudoux had succeeded in appealing to a much wider public than simply a literary elite. The future author of *Intermezzo* had found the formula which the French theater had been seeking: the combination of the real and the ideal, the union of the surface anecdote and the deep drama of man's desires. Henceforth the formula was to be repeated with inventive variations and Giraudoux's theater was to acquire a permanent place in twentieth-century drama.

Intermezzo, Giraudoux's fourth play, was performed on February 27, 1933, at the Comédie des Champs-Elysées in Paris before a celebrity-filled audience. The efforts of Jean Giraudoux and his gifted director, Louis Jouvet, were highly successful; the spectators and the majority of the critics found the work creative and stimulating. One reviewer called it "la comédie féerique la plus originale qu'on ait vue depuis des années";[2] another referred to the playwright as "un grand écrivain de théâtre et, parmi les moins de 60 ans, un des 3 ou 4 qui comptent encore dans l'ancien et le nouveau monde."[3]

Since that time, the comedy has been successfully revived in France in a 1955 production by Jean-Louis Barrault and has also been presented throughout the world, including Maurice Valency's 1950 adaptation in the United States under the title, *The Enchanted.*

Intermezzo has been one of the more popular of the Giraudoux plays and seems likely to achieve a lasting place among the dramatist's works. What has been its fundamental appeal for the last thirty-odd years? Basically, *Intermezzo* is a comedy-fantasy directed to the imagination, a piece asking the spectator to suspend realistic interpretation and to follow the fanciful outlook of the author. It is inventive, imaginative, and soars beyond the realm of the ordinary to a fairy-tale land.

The spectator (or reader) is asked to accept life in its simplest

[2] Lucien Dubech, "Intermezzo," *L'Action française* (March 4, 1933), p. 4.
[3] Benjamin Crémieux, "L'Anti-Réalisme au théâtre," *La Nouvelle revue française*, XL (April 1, 1933), p. 669.

form, with characters who are symbols of the good and the bad, the wise and the foolish. As a reward, he is presented with the fascinatingly intelligent mind and the uniquely creative vision of Giraudoux. The dramatist never forgets that he has a witty insight into the foibles of mankind and, most significantly, that he has a distinct view of the joys and disappointments of living.

Of all of the Giraudoux plays *Intermezzo* remains the most typical. It is the first drama which he developed or created from his own inspiration and which is not dependent upon already existing legends or sources. As a result, it is perhaps the most characteristic of the author in its combination of fantasy and observation, in its use of whimsy and irony.

Moreover, the work effectively and clearly illustrates Giraudoux's own concept of the function and purpose of literature: to question to what extent man can participate in the realm of the imagination and in the life of reality at the same time, to question to what extent man can widen his vision.

Intermezzo, then, is particularly meaningful, both in its title and in its content. Although the normal understanding of the word "intermezzo" is that of a "short, light piece between the acts of a serious drama or opera," it is obvious that Giraudoux used the title in a more significant way. The motif of the play—the guiding force in its theme, structure, and style—is the conflict between reality and the ideal, the earth and the universe, the uneventful existence of ordinary life and the poetry of the imagination. Man may scorn the narrowness of everyday human activity —Giraudoux sympathizes with and understands this desire to escape to a realm of magic and poetic idyll—yet the dramatist is aware that man's abilities and aptitudes are made for this limited existence. Man must find his own special poetry in living. To do so is the real meaning of existence.

To express this theme, it is natural that the author should turn to the *jeune fille*. For the first time in his dramatic work, he establishes the young girl as heroine. Isabelle, the *jeune fille*, is the perfect choice to mediate between the world of the routine daily existence and the creative realm of the imagination. She represents the struggle to find the purity, the poetry, the full promise of life. As the *Droguiste* observes, she is in the time of life when, next to any other human being or any object, "elle semble la clef destinée à le rendre compréhensible" (p. 25).

During her youth, she has been held back from the fascination of the unknown by her upbringing and schooling: ". . . je me suis obstinée toute ma jeunesse, pour obéir à mes maîtres, à refuser toutes autres invites que celles de ce monde. Tout ce que l'on nous a appris, à mes camarades et à moi, c'est une civilisation d'égoïstes, une politesse de termites" (pp. 72–73). Now she is actively seeking the ideal, hoping to possess the key to all human problems, entering into a cosmic order where poetry and truth exist. More than any other person, the young girl has an affinity with the unknown. "Connaissez-vous une aventure de spectre sans jeune fille?" asks the Druggist. "C'est justement qu'il n'est pas d'autre âge qui mène naturellement à la mort" (p. 104).

In *Intermezzo*, the *Spectre* depicts the universe of the ideal which the *jeune fille* is pursuing; he is the expression of a poetic reality ignored by and unknown to most of humanity. Only Isabelle in the adolescence of her life has the innocence to perceive that an individual with dreams and creativity may discover a magic realm of the unknown. The *Spectre* promises to tell Isabelle about the beyond, he will fulfill her fondest dreams. "Ne voyez-vous donc pas que ce visiteur m'apporte ce que j'ai passé mon enfance à désirer, le mot d'un secret," she cries out (p. 116). With the *Spectre*, she can find gratification in the extraordinary, the nonhuman.

However, while Giraudoux may hope for a direct communication with the mysterious forces beyond the realm of the ordinary, he understands, somewhat regretfully, that such a union is not possible. Although he may pose a problem which deals with the nonhuman, the dramatist realizes that the final answer to the problem lies with man himself. Thus, Isabelle is to find her fulfillment in the life of the *Contrôleur*.

The Controller has detected the world of the imagination within his own existence—he has discovered the poetry of everyday living. What he has to offer Isabelle is the wealth of life itself, full of warmth and charming trivialities. In his occupation as Supervisor of Weights and Measures, he succeeds in finding the delights of living. "Chaque soir, quand le soleil se couche et que je reviens de ma tournée," he observes, "il me suffit d'habiller le paysage avec le vocabulaire des contrôleurs du Moyen Age" (p. 110). In this way, through his imagination, his town becomes one of those villages pillaged during the religious wars and he becomes a German foot soldier. By making himself aware of the uniqueness of his life, the world becomes a storehouse of the unexpected and unforeseen. By envisioning his future, whether in the small town of Gap or in the city of Paris, he meditates upon the real pleasures of existence: the beauty of a fir tree, the trotting races, the harvest season, the theater. His own special creativity provides such poetry to these pleasures that life assumes a unique meaning for him.

The *Contrôleur*'s life is Giraudoux's way of finding a compromise. While the dramatist may be disappointed, he nevertheless firmly believes that man, living according to his nature, need have no regrets. The small, humble life lived completely is the answer to man's desire for that which surpasses him. If life's fullness is exploited, poetry, the unknown, and death will be merely a part of the natural course of events.

Although Giraudoux's philosophical view of the world plays a key role in his plays, there can be no doubt that much of the charm in his works is provided by the stylistic devices. While Giraudoux the intellectual may be somewhat disappointed in life around him, Giraudoux the stylist coats this bitter pill with the veneer of an elegant and cultivated vision. The harsh world of reality is always seen through the dramatist's intelligent, refined, and wittily ironical spirit. And it is precisely this literate mind, coupled with a uniquely inventive manner of expression, which constitutes the essence of Giraudoux.

What is the stylistic basis of his theater? What methods did he use in writing *Intermezzo*, the first work which he labeled a *comédie*? While a detailed discussion of the playwright's composition will not be attempted here, a few major points will be indicated in order to provide a basic reference for the appreciation of the play.

A great deal of the enchantment and brilliance of the fantasy stems from the highly civilized language. It is obvious that the dramatist has, first of all, a respect for words, and the dialogue is always polished and glittering. This is perhaps most noticeable in the sparkling and original images of the work. In general, these images have an unexpected quality to them, as in the *Contrôleur's* description of Isabelle's house as a "cloche à plongeurs" (p. 114). They reveal a unique imagination, as in the *Spectre's* account of the mortal aspects of the dead: "Il arrive qu'une fatigue les prend, qu'une peste des morts sur eux souffle, qu'une tumeur de néant les ronge" (pp. 56–57). And, often, they are remarkably precise, as indicated in Isabelle's comparison of her life to the inner part of an eyelid: "C'est très beau, évidemment, avec les cercles d'or, les étoiles, les losanges pourpres ou bleus, mais c'est restreint, même en forçant sa meilleure amie à appuyer de son doigt sur vos yeux" (p. 73).

The dramatist makes no effort to hide the refined, aristo-cratic language of his play. Indeed, most of his characters do not express themselves in an ordinary way. Yet, there is a decided attempt to differentiate among the personages as to their poetic and creative abilities. The *Inspecteur* and the Mangebois Sisters discuss the trivial, the commonplace, the uninteresting. While their language is always cultivated, it is never poetic. Isabelle, on the other hand, makes use of a figurative and fanciful speech which reflects her creative mind, and her style is characterized by a delicacy of tone and a certain musicality which lend a decided charm to her person. The *Contrôleur* stands between these two extremes. His language, like his role in the play, is a synthesis of everyday vocabulary and poetical images and metaphors. When he assumes the responsibility of defending the joys of living, his words move imperceptibly towards poetry, the technical terms take on an aura of mystery, and the sentences assume a fullness hitherto not present.

As Laurent LeSage has noted,[4] the basis of Giraudoux's theater can be found in a manual of rhetoric. The dramatist pro-ceeds by parallels, antitheses, and paradoxes, and Giraudoux's universe seems to be founded on duality. In *Intermezzo*, the characters are generally presented in pairs (the Mangebois Sisters,

---

[4] Laurent LeSage, *Jean Giraudoux: His Life and Works* (University Park, Pa., Pennsylvania State University Press, 1959), p. 172.

the two hangmen). Moreover, the scenes are carefully arranged to alternate the serious-poetic parts with the comic-everyday sections. And most significantly, the playwright has set up a polarity between the imaginative reality of Isabelle and the *Contrôleur*, and the Inspector's lifeless, spiritless world of conventional existence. The author has structured the whole play on the basis of this contrast and the best scenes of the comedy take place when two characters discuss, dissect, and analyze the issue. As a result, the vast majority of scenes are so planned that their essential composition is a two-character debate, a debate which means to probe and study the situation.

Although the language and structuring of his work play a vital part in his writing, Giraudoux never lets the spectator forget that his is a witty, ironical mind. Usually, the dramatist observes life's happenings with a wry, detached view—always skeptical, continually amused. Most often, he sharpens his wit on the *Inspecteur*. Basically, his irony attempts to bring the pompous and bombastic down to size, by making the self-important appear ridiculous. At one point, the *Inspecteur* has been talking to the students in Isabelle's class and has been complaining of the necessity of using a different vocabulary for classes held out-of-doors. He then reprimands some students for talking: "Silence, là-bas ... La première qui bavarde balayera la classe, le champ, veux-je dire, la campagne" (p. 42). Or, in Act III, Scene I, the children have been told to repeat the last word of each sentence of the *Inspecteur*'s speech. However, he has finished his talk and has just been told that the *Spectre* is arriving:

L'Inspecteur: Il va trouver à qui parler: c'est quelque complice d'Isabelle qui me prend pour un imbécile!
Les Fillettes, *en chœur, très sérieuses:* Un imbécile! (p. 102).

To a great extent, Giraudoux was influenced by the *commedia dell'arte* in the composition of the play. Indeed, many of the characters in *Intermezzo* have a definite resemblance to those of the Italian art form, from the *Inspecteur*, a version of Pantalon, constantly duped and deceived by others, to the *petites filles*, representing the *chanteuses* and ballet dancers who provide variety and movement for the spectacle. In addition, the author often utilizes the same basic stage tricks as those found in the *commedia dell'arte* as, for example, when the Inspector's hat blows off, or when he slips and falls.

Yet, Giraudoux never lets physical comedy overshadow the basic wit of his dialogue. Most often, he prefers to turn to the witty remark, the incongruous or unexpected observation, the clever or subtle turn of the phrase. It is in the unique manipulation of language that the spectator finds the most satisfying form of Giraudoux's humor and the dramatist is probably happiest when he is able to come up with an unusual pun or play on words.

Wit, stylist, philosopher, Giraudoux has captured a generation of the French theater-going public. Moreover, the brilliance and sparkle of his works have made a strong and indelible impression on the theater of the world. The inventiveness of his subtle mind, his belief in the magic and power of words, and the elegance of a refined vision have resulted in Giraudoux's attainment of a permanent place in dramatic literature.

Intermezzo

comédie en trois actes

Intermezzo was presented for the first time in Paris on February 27, 1933, at the Théâtre Louis Jouvet (Comédie des Champs-Elysées) under the direction of Louis Jouvet, with the incidental music of Francis Poulenc.

Personnages

Isabelle
Armande Mangebois
Leonide Mangebois
Le Controleur
L'Inspecteur
Le Maire
Le Droguiste
Cambronne
Crapuce
Le Spectre
Les Petites Filles:
   Luce
   Gisele
   Daisy
   Gilberte
   Irene
   Nicole
   Marie-Louise
   Viola

Acte Premier

*La campagne. Une belle
prairie. Des bosquets.
Vers le soir.*

Scène 1

5   *Le Maire, puis le Dro-
                guiste.*

LE MAIRE, *entrant seul et criant:* Oh! Oh! ... Evidemment,
    l'endroit est étrange. Personne ne répond, pas même
    l'écho ... Oh! Oh!

LE DROGUISTE, *entrant derrière lui:* Oh! Oh!

10 LE MAIRE: Vous m'avez fait peur, mon cher Droguiste.

LE DROGUISTE: Pardon, monsieur le Maire, vous avez cru que
    c'était lui?

LE MAIRE: Ne plaisantez pas! Je sais bien qu'il n'existe peut-
    être pas, que tous ceux qui prétendent l'avoir rencontré

19

dans ces parages sont peut-être victimes d'une hallucination. Mais convenez que ce lieu est singulier![1]

LE DROGUISTE: Pourquoi l'avez-vous choisi pour notre rendez-
vous?

LE MAIRE: Pour la raison qui sans doute le lui fait choisir. Pour   5
être hors de vue des curieux. Vous ne vous y sentez pas
mal à l'aise?[2]

LE DROGUISTE: Pas le moins du monde. Tout y est vert et
calme. On se croirait sur un terrain de golf.

LE MAIRE: On n'en rencontre jamais, sur les terrains de golf?   10

LE DROGUISTE: Peut-être rencontrera-t-on plus tard, quand se
sera accumulé sous les allées et venues des joueurs de
golf mâles et femelles cet humus de mots banals et de
vrais aveux, de bouts de cigares et de houppettes, de
rivalités et de sympathies nécessaires pour humaniser un   15
sol encore primitif.[3] Pour le moment, ces beaux terrains
bien dessinés, exhaussés, surveillés, sont certainement les
moins maléfiques! ... D'autant plus qu'on les plante en
gazon anglais,[4] c'est-à-dire avec la graminée la moins
chargée en mystère ... Ni jusquiame, ni centaurée, ni   20
vertadine ... Il est vrai qu'ici vous avez ces plantes, à ce
que je vois, et même la mandragore.[5]

---

[1] **Mais convenez que ce lieu est singulier!**   But you must agree that this
place is unusual!

[2] **Vous ne vous y sentez pas mal à l'aise?**   You don't feel uneasy here,
do you?

[3] **quand se sera . . . sol encore primitif**   when, after the coming and
going of all the golfers, enough decay of trite words and true con-
fessions, as well as cigar butts and powder puffs, and rivalries and
tenderness, will have accumulated to humanize this still-fresh ground

[4] **D'autant plus qu'on les plante en gazon anglais**   Especially since they are
planted with English grass

[5] **Jusquiame, centaurée,** *and* **mandragore** *are all herbs.   The* **mandragore**
*(mandrake) was used for different forms of witchcraft in ancient times.
Both the* **jusquiame** *(henbane) and the* **centaurée** *(centaury) are believed
to be endowed with medicinal qualities. As far as can be determined, the
word* **vertadine** *was invented by Giraudoux.*

LE MAIRE: C'est vrai ce qu'on raconte de la mandragore?

LE DROGUISTE: Au sujet de la constipation?

LE MAIRE: Non, au sujet de l'immortalité ... Que les enfants conçus au-dessus d'une mandragore par un pendu deviennent des êtres démoniaques, et vivent sans terme?

LE DROGUISTE: Tous les symboles ont leur raison. Il suffit de les interpréter.

LE MAIRE: Peut-être avons-nous affaire avec un symbole de cet ordre.

LE DROGUISTE: Comment apparaît-il en général : malingre, difforme?

LE MAIRE: Non. Grand, avec un beau visage.

LE DROGUISTE: Il y a eu des pendus, autrefois, dans le canton?

LE MAIRE: Depuis que je suis Maire, j'ai eu en tout deux suicides. Mon vigneron, qui s'est fait sauter dans son canon pare à grêle,[6] et la vieille épicière, qui s'est pendue, mais par les pieds.

LE DROGUISTE: Il faut un pendu homme de vingt à quarante ans ... Mais je commence à croire que ces messieurs se sont égarés. L'heure de la réunion passe.

LE MAIRE: Rien à craindre. J'ai prié le Contrôleur des Poids et Mesures de guider l'Inspecteur. Ainsi nous serons quatre pour former la commission chargée d'enquêter sur l'affaire.

LE DROGUISTE: Une commission de trois membres aurait largement suffi!

LE MAIRE: Notre jeune Contrôleur est pourtant bien sympathique.

LE DROGUISTE: Très sympathique.

LE MAIRE: Et courageux! A notre dîner du mercredi, où les

---

[6] **qui s'est fait sauter dans son canon pare à grêle** who blew himself out of his cloud cannon

propos avant lui frisaient l'indécence, il ne laisse passer
aucune occasion de défendre la vertu des femmes. En
deux phrases, hier, il nous a réhabilité définitivement
Catherine II,[7] malgré l'agent voyer,[8] fortement prévenu
contre elle.   5

LE DROGUISTE: Je parlais de l'Inspecteur. Pourquoi l'avoir convoqué de Limoges?[9] Il passe pour brutal,[10] les esprits
n'aiment pas les butors.

LE MAIRE: C'est qu'il est venu de lui-même.[11] C'est qu'il entend se déranger lui-même pour combattre tout ce qui   10
surgit d'anormal ou de mystérieux dans le département.
Dès qu'un phénomène inexplicable se manifeste dans la
faune, la flore, la géographie même de la région, l'Inspecteur survient et ramène l'ordre. Vous connaissez ses
derniers exploits?   15

LE DROGUISTE: En Berry, avec ses prétendues ondines?

LE MAIRE: Dans le Limousin même! A Rochechouart d'abord,
où il a fait murer par le génie militaire la source qui appelait. Et au haras de Pompadour, où les étalons s'étaient
mis à user de leurs yeux comme des humains, à se regarder   20
de biais entre eux, à se faire signe de leurs prunelles ou
de leurs paupières, il leur a imposé des œillères, même
dans les stalles.[12] Vous pensez si l'état de notre ville a dû
l'allécher ... Je m'étonne seulement qu'il tarde ainsi.

LE DROGUISTE: Appelons-le!   25

---

[7] **Catherine II** *Catherine the Great, empress and tsarina of Russia from
1762–1796, was a violent and despotic ruler.*
[8] **l'agent voyer** *The title formerly applied to the Highway Engineer.*
[9] **Limoges** *City in the department of Haute-Vienne, about 200 miles
southwest of Paris. Giraudoux was born near here in a town called
Bellac.* **Berry, Limousin, Rochechouart** *are references to the same area,
or to nearby regions.*
[10] **Il passe pour brutal** He is said to be a boor
[11] **C'est qu'il . . . lui-même.**   The fact is that he came of his own accord.
[12] **il leur a imposé des œillères, même dans les stalles** he put blinders on
them, even in the stables

Le Maire: Non! Non! Ne criez point! Ne trouvez-vous pas que l'acoustique de ce pré a je ne sais quoi de trouble,[13] d'inquiétant?

Le Droguiste: Le Contrôleur a la plus belle voix de basse de
5   la région. Nous l'entendrons d'un kilomètre ... Oh! Oh! ...

Scène 2

Les Mêmes. Isabelle. Les
élèves.

On entend des voix aiguës
de fillettes répondre: Oh!
10   *Oh! et aussitôt, Isabelle et*
ses élèves entrent sur la
scène.

Le Maire: Ah! c'est mademoiselle Isabelle! Bonjour, mademoiselle Isabelle!

15 Isabelle: Bonjour, monsieur le Maire!

Le Droguiste: Vous herborisez, mes enfants?

Le Maire: Depuis trois mois que notre institutrice est malade,
Mlle Isabelle veut bien[14] la remplacer. Elle tient seulement à faire sa classe[15] en plein air, par ce beau temps.

20 Isabelle: D'ailleurs, nous herborisons aussi, monsieur le Droguiste. Il faut que ces petites connaissent la nature par
tous ses noms et prénoms. J'ai là un sac plein déjà de

---

[13] **l'acoustique de ce pré a je ne sais quoi de trouble** the acoustics in
this meadow are somewhat eerie
[14] **veut bien** is very willing
[15] **Elle tient seulement à faire sa classe** She insists only upon holding
her class

plantes curieuses ... Excusez-nous, mais nous cherchons la
plus indispensable à mon cours de tout à l'heure ... Je
sais où la trouver ...

LE DROGUISTE: Laquelle?

LES FILLETTES: La mandragore! La mandragore!   5

Elles sortent.

Scène 3

Le Maire, Le Droguiste.

LE DROGUISTE: La charmante personne! Comme il est touchant [16] de voir l'innocence tourner ainsi sans soupçon et
sans péril autour des symboles du mal!   10

LE MAIRE: Je voudrais bien que les demoiselles Mangebois
eussent sur elle la même opinion.

LE DROGUISTE: Qu'ont à voir ces deux taupes avec Isabelle? [17]

LE MAIRE: C'est ce que nous allons savoir tout à l'heure. Elles
ont demandé à être entendues de l'Inspecteur; elles m'ont 15
laissé supposer qu'il s'agissait d'Isabelle, et d'une dénonciation.

LE DROGUISTE: Que peuvent-elles bien dénoncer? Isabelle est si
simple, si nette, si différente en somme de ses compagnes!
Car vous les connaissez, monsieur le Maire, toutes les   20
autres. Elles passent leur après-midi à se perdre dans les
bois aux bras de leurs cousins, à se baigner avec l'employé
nègre de la sous-préfecture, à lire, étendues dans les

[16] **Comme il est touchant** How touching it is
[17] **Qu'ont à voir ces deux taupes avec Isabelle?** What do those two old
hags have to do with Isabelle?

prairies, le marquis de Sade [18] illustré ... Des jeunes filles,
quoi! ... Isabelle, au contraire, n'a pas de vague à l'âme,
pas de curiosité anticipée ... Regardez la franchise de cette
silhouette! Près de chaque être, de chaque objet, elle
5   semble la clef destinée à le rendre compréhensible.[19]
Voyez-la à cheval sur ce baliveau, faisant valser cet ânon,
en agitant un chardon,[20] pendant que ses élèves dansent
une ronde autour d'eux, la nécessité des ânons dans ce
bas monde devient fulgurante ... Celle des petites filles
10 aussi, d'ailleurs ... Regardez-les, monsieur le Maire : les
charmantes petites figures, les charmants petits dos ...

LE MAIRE: Eh bien, eh bien, mon cher Droguiste!

LE DROGUISTE: Ah! Voici M. l'Inspecteur!

Scène 4

Les Mêmes. L'Inspecteur.
15   *Le Contrôleur.*

L'INSPECTEUR: La preuve, mon cher Contrôleur? La preuve que
les esprits n'existent pas, que le monde invisible n'existe
pas? Voulez-vous que je vous l'administre à la minute,
sur-le-champ?

20 LE CONTROLEUR: Venant d'un haut fonctionnaire, elle me sera
précieuse.

---

[18] **Le marquis de Sade (1740–1814)** *French writer, best known for his licentious novels, whose name has been given to the form of aberration known as sadism.*

[19] **elle semble la clef destinée à le rendre compréhensible** *Giraudoux is emphasizing the role of the* **jeune fille,** *who, in the adolescence of her life, is able to understand and clarify the mysteries of life.*

[20] **Voyez-la . . . un chardon** *See her riding horseback on this beam, making the donkey jump about by jabbing it with a thistle*

L'Inspecteur: Vous admettez que si les esprits existent, ils
m'entendent?

Le Controleur: A part les esprits sourds, sans aucun doute.

L'Inspecteur: Qu'ils entendent donc ceci : Esprits, formes
de vide et de blanc d'œuf (vous voyez, je ne mâche pas 5
mes mots, s'ils ont un peu de dignité, ils savent ce qui
leur reste à faire), l'humanité en ma personne vous défie
d'apparaître! Vous avez là une occasion unique, étant
donné la qualité de l'assistance, de reprendre un peu de
crédit dans l'arrondissement. Je ne vous demande pas 10
d'extirper de ma poche une perruche vivante, opération
classique, paraît-il, chez les esprits. Je vous défie d'obtenir
qu'un vulgaire passereau s'envole de cet arbre, de ce
bosquet, de cette forêt, quand j'aurai compté trois ... Je
compte, monsieur le Contrôleur : Une ... Deux ... Trois ... 15
Voyez, c'est lamentable. (*Son chapeau s'envole.*) Dieu,
quel vent!

Le Droguiste: Nous ne sentons pas le moindre souffle, monsieur l'Inspecteur.

L'Inspecteur: Il suffit. C'est piteux.   20

Le Controleur: Peut-être que les esprits ne croient pas aux
hommes.

Le Maire: Ou que l'invocation avait un caractère un peu
général.

L'Inspecteur: Vous voulez que je les appelle chacun par leur 25
nom? Vous voulez que j'appelle Asphlaroth? [21]
Le Droguiste: Asphlaroth, le plus susceptible et le plus cruel
des esprits, qu'on dit se loger dans l'organisme humain
et se plaire à le torturer? Prenez garde, monsieur l'Inspecteur! On ne sait jamais où mènent ces jeux.   30

L'Inspecteur: Tu m'entends, Asphlaroth, mes organes les plus

---

[21] **Asphlaroth** *Most likely an adaptation of the devil or evil spirit, Astaroth
or Ashtaroth.*

vils et les plus ridicules te défient aujourd'hui. Non pas
mes poumons, mon cœur, mais ma vésicule biliaire, ma
glotte, ma membrane sternutatoire [22] ... Frappe l'un d'eux
de la moindre douleur, de la moindre contraction, et je
crois en toi ... Une ... Deux ... Trois ... J'attends ... (*Il
glisse.*) Que c'est humide, ici!

LE MAIRE: Il n'a pas plu depuis trois semaines.

LE DROGUISTE: Les esprits ont une autre notion du temps que
nous. Peut-être Asphlaroth a-t-il répondu à vos insultes
longtemps à l'avance ... Puis-je vous demander d'où
proviennent ces cicatrices à votre nez?

L'INSPECTEUR: Une tuile m'est tombée sur la tête, quand je
marchais à peine.

LE DROGUISTE: Voilà l'explication de son silence. Il vous a
répondu voilà quarante ans.[23]

L'INSPECTEUR: Je n'attendais pas moins de lui [24] : il n'existe pas,
et il est lâche, et il s'attaque à des enfants ... Messieurs,
la preuve est faite, irréfutablement ... Je me permettrai
donc de sourire quand vous me dites que votre bourg
est hanté.

LE MAIRE: Il est hanté, monsieur l'Inspecteur ...

L'INSPECTEUR: Je sais ce qu'est en réalité un bourg hanté. Les
batteries de cuisine qui résonnent la nuit dans les appartements dont on veut écarter le locataire, des apparitions dans les propriétés indivises pour dégoûter l'une
des parties. De là les commères au travail.[25] De là la suspicion et l'agitation poussées à la calomnie et jusqu'au
crime. Vous aviez à élire un conseiller général. Il en est

---

[22] **ma vésicule biliaire, ma glotte, ma membrane sternutatoire** *The* Inspecteur's *use of such terms heightens the ridiculous aspects of his
character.*

[23] **voilà quarante ans** forty years ago

[24] **Je n'attendais pas moins de lui** That's what I would expect from him

[25] **De là les commères au travail.** After that, they begin gossiping.

résulté des rixes [26] autour des urnes, évidemment, des rixes sanglantes. Ma foi, tant pis : l'urne, même électorale, appelle le cadavre.[27]

LE MAIRE: Pas du tout, monsieur l'Inspecteur, au contraire!

L'INSPECTEUR: On a voté sans répandre le sang? C'est à peine 5 démocratique, et pas du tout démoniaque.

LE MAIRE: On n'a pas voté. Personne n'a voté, ni songé à voter. Les électeurs s'étaient pourtant levés à l'aube, conscients de leur devoir, et précipités vers les affiches. Mais le soleil étincelait; tous prétendent avoir lu sur 10 les panneaux: au soleil, pas d'abstentions! [28] et ils sont allés se promener jusqu'au soir.

L'INSPECTEUR: Ils ont été soudoyés par la réaction.[29]

LE DROGUISTE: D'accord avec le soleil.

LE CONTROLEUR: Certainement pas, monsieur l'Inspecteur. M. 15 le Maire ne vous dit pas que depuis plusieurs semaines c'est à une série d'opérations aussi étranges que la ville se consacre.[30] Une influence inconnue, et dont, pour ma part, je trouve les effets assez sympathiques,[31] y sape peu à peu tous les principes, faux d'ailleurs, sur lesquels se 20 base la société civilisée.

L'INSPECTEUR: Je vous dispense de vos commentaires personnels. Expliquez-vous.

[26] **Il en est résulté des rixes** Fights developed
[27] **l'urne, même électorale, appelle le cadavre** *Giraudoux is making a play on the word* **urne**, *which is a vase containing ashes of the dead, and a ballot box.*
[28] **au soleil, pas d'abstentions!** get out into the sun, no exceptions!
[29] **Ils ont été soudoyés par la réaction** *The* Inspecteur *feels that the opposition reactionary party has had a hand in the strange events in the town.*
[30] **c'est à une série . . . la ville se consacre** the town has been involved in a series of incidents equally as strange
[31] **je trouve les effets assez sympathiques** *By indicating the* Contrôleur's *approval of the unknown, Giraudoux is paving the way for Isabelle's eventual acceptance of his world.*

LE CONTROLEUR: Je m'explique. Les enfants que leurs parents battent, par exemple, quittent leurs parents. Les chiens que leurs maîtres rudoient mordent la main de leurs maîtres. Les femmes qui ont un vieux mari ivrogne, laid et poilu, l'abandonnent simplement pour quelque jeune amant sobre et à peau lisse. Les hercules que des gringalets insultaient impunément n'hésitent plus à leur fracasser la mâchoire. Bref, la faiblesse n'est plus ici une force, ni l'affection une habitude.

10 L'INSPECTEUR: Et vous me prévenez si tard d'un pareil état de choses?

LE MAIRE: J'ajoute que plusieurs coïncidences étranges témoignent de l'intrusion, dans notre vie municipale, de puissances occultes. Nous avons tiré l'autre dimanche notre loterie mensuelle, c'est le plus pauvre qui a gagné le gros lot en argent, et non le gagnant habituel, M. Dumas, le millionnaire, qui d'ailleurs a fort bien tenu le coup; c'est notre jeune champion qui a gagné la motocyclette et non la supérieure des bonnes sœurs à laquelle elle échéait régulièrement. Cette semaine, nous avons eu deux décès : les deux habitants les plus âgés, qui, par-dessus le compte,[32] étaient le plus avare et la plus acariâtre. Pour la première fois, le sort nous débarrasse, le hasard frappe à coup sûr.[33]

25 L'INSPECTEUR: C'est la négation de la liberté humaine!

LE DROGUISTE: Vous pourriez peut-être parler du recensement, monsieur le Maire.

L'INSPECTEUR: Quel recensement?

LE MAIRE: Le recensement quinquennal officiel. Je n'ai pas osé transmettre encore les feuilles à la Préfecture.

30 L'INSPECTEUR: Vos administrés ont écrit des déclarations mensongères?

[32] **par-dessus le compte**   on top of everything else
[33] **le sort nous débarrasse, le hasard frappe à coup sûr**   fate clears things away for us, chance strikes just right

LE MAIRE:　Au contraire, tous ont répondu avec une vérité si
　　　　outrée et si cynique qu'elle est un défi à l'administration.
　　　　Au chapitre de la famille, pour vous en donner un
　　　　exemple, la plupart n'ont pas indiqué comme leurs en-
　　　　fants leurs vrais fils ou filles, quand ceux-là [34] étaient　5
　　　　ingrats ou laids, mais leurs chiens, leurs apprentis, leurs
　　　　oiseaux, bref, ceux qu'ils aimaient vraiment comme leurs
　　　　rejetons.

LE CONTROLEUR:　Plusieurs ont noté pour épouse non pas leur
　　　　épouse réelle, mais la femme inconnue dont ils ont rêvé,　10
　　　　ou la voisine avec laquelle ils sont en rapports secrets,
　　　　ou même l'animal femelle qui représente pour eux la
　　　　compagne parfaite, la chatte ou l'écureuil.

LE MAIRE:　Au chapitre des appartements, les riches neu-
　　　　rasthéniques ont prétendu habiter des masures, les pauvres　15
　　　　heureux des palais.

L'INSPECTEUR:　Et depuis quand, tous ces scandales?

LE MAIRE:　A peu près depuis que l'on rencontre ce fantôme.

L'INSPECTEUR:　N'employez pas ce mot stupide. Il n'y a pas de
　　　　fantôme.
　　　　　　　　　　　　　　　　　　　　　　　　　　　　20

LE MAIRE:　De ce spectre, si vous voulez.

L'INSPECTEUR:　Il n'y a pas de spectre!

LE DROGUISTE:　Ce n'est pas ce que nous apprend la science.
　　　　Il y a des spectres de tout, du métal, de l'eau. Il peut
　　　　s'en trouver un des hommes.[35]
　　　　　　　　　　　　　　　　　　　　　　　　　　　　25

> On entend, à la canto-
> nade, les voix des demoi-
> selles Mangebois.

[34] **ceux-là**　the latter
[35] **Il peut s'en trouver un des hommes.**　There can just as well be one for
men.

$\mathcal{S}$cène 5

Les Mêmes. Les demoi-
selles Mangebois.

L'aînée des demoiselles
Mangebois est sourde. Elle
5 *porte en sautoir un récep-*
teur par lequel sa sœur la
tient au courant de la con-
versation.

ARMANDE MANGEBOIS, *criant, encore invisible*: Nous pouvons
10 approcher, monsieur le Maire?

LE MAIRE: Approchez, mesdemoiselles, approchez! Monsieur
l'Inspecteur, voici justement ces demoiselles Mangebois
qui nous ont promis des révélations.

ARMANDE, *apparaissant avec sa sœur*: J'espère, monsieur le Maire,
15 que nous ne vous décevrons pas.

LE MAIRE: Mlles Mangebois sont les filles de notre défunt
juge de paix, célèbre pour avoir fait trancher la membrane
de deux sœurs siamoises que deux forains de Limoges se
disputaient.

20 *Les demoiselles Mange-*
bois s'asseyent sur des
pliants, après l'échange
des saluts.

L'INSPECTEUR: Mes félicitations, mesdemoiselles. Le vrai juge-
25 ment de Salomon! [36] Je vous écoute.

ARMANDE: Je tiens à [37] vous demander d'abord, monsieur

---

[36] **Salomon** (c. 972–c. 932 B.C.) *Solomon, King of the ancient Hebrews.*
His wisdom remained legendary in the Near East.
[37] **Je tiens à** I must

l'Inspecteur, d'excuser ma sœur Léonide. Elle est un peu dure d'oreille.

LÉONIDE: Que dis-tu?

ARMANDE: Je dis à M. l'Inspecteur que tu es un peu dure d'oreille.

LÉONIDE: Pourquoi me le dis-tu à moi? Je le sais.

ARMANDE: Voyons,[38] Léonide, tu exiges que je te répète tout ce que je dis?

LÉONIDE: Excepté que tu dis que je suis sourde.

L'INSPECTEUR: Mesdemoiselles, si nous vous avons priées de venir jusqu'en ces lieux, choisis à cause de leur discrétion ...

LÉONIDE: Tu ronfles, toi. Est-ce que je le dis?

ARMANDE: Je ne ronfle pas.

LÉONIDE: Si tu ne ronfles pas, c'est que tu as subitement cessé de ronfler à la minute où je devenais sourde ...

L'INSPECTEUR: Priez votre sœur de se taire, mademoiselle, ou nous n'en sortirons jamais.

ARMANDE: Cela m'est difficile, monsieur l'Inspecteur; elle est mon aînée.

LÉONIDE: Que dis-tu?

ARMANDE: Rien qui t'intéresse.

LÉONIDE: Si cela ne m'intéresse pas, c'est que tu es en train de dire que tu es la cadette.

ARMANDE: Monsieur l'Inspecteur te fait dire qu'il souhaite le silence.

LÉONIDE: S'il savait ce que c'est, le silence, il ne le souhaiterait pas. Je me tais.

---

[38] **Voyons**   Come now

L'INSPECTEUR: Mesdemoiselles, on m'assure que vous êtes au courant de tout ce qui se dit et se passe dans l'arrondissement?

ARMANDE: Nous sommes en effet secrétaires de l'œuvre des
5   Trousseaux.[39]

L'INSPECTEUR: Et de quoi est-il question, en ce moment, à l'œuvre des Trousseaux?

ARMANDE: De quoi parlerait-on, monsieur l'Inspecteur, du spectre!

10 L'INSPECTEUR: Vous y croyez, à ce spectre? Vous l'avez vu?

ARMANDE: J'ai vu des gens qui l'ont vu.

L'INSPECTEUR: Des témoins dignes de foi?

ARMANDE: L'un d'eux est commandeur du Grand Dragon de l'Annam.[40]

15 L'INSPECTEUR: S'il croit au Grand Dragon de l'Annam, il est déjà suspect. Nommez-les.

ARMANDE: Notre laitier, la belle Fatma — ces messieurs appellent ainsi l'épicière —, et le commandant Lescalard. C'est le commandant qui est commandeur.

20 L'INSPECTEUR: Je l'aurais parié... Et comment ont-ils vu le spectre? Recouvert d'un suaire, évidemment, la tête faite d'une citrouille vidée et ajourée où l'on installe une lampe électrique?

ARMANDE: Pas du tout, monsieur l'Inspecteur. Tous les témoi-
25   gnages concordent. C'est un grand jeune homme vêtu

---

[39] l'œuvre des Trousseaux *The Mangebois Sisters are involved in charity work for indigent brides, perhaps one of the most superfluous of charitable activities.*

[40] Grand Dragon de l'Annam *The* Ordre du Dragon *open to both military and civilians, was begun in 1886 in Annam in Vietnam. In 1896, the order became French and included five classes of which the* Grand Dragon *was the second highest.*

de noir. Il apparaît à la tombée de la nuit, et toujours aux environs de l'étang dont vous voyez là-bas les roseaux.

L'Inspecteur: Et comment expliquez-vous ces apparitions? Y a-t-il eu déjà des revenants dans la région?

Armande: Jamais. Jamais avant le crime.   5

L'Inspecteur: Quel crime?

Le Controleur: Un crime superbe, monsieur l'Inspecteur, je dirai même mondain. Un jeune étranger et sa femme avaient loué le château à Pâques. Un ami est venu les rejoindre. Au matin, on a retrouvé la femme et l'ami tués, 10 sauvagement tués, et, sur le bord de l'étang, le chapeau du mari. Ce salut à la mort a grande allure. On suppose qu'il s'est noyé.

Armande: A l'Œuvre, nous sommes toutes d'avis que c'est ce noyé qui revient. D'ailleurs, il est nu-tête.   15

L'Inspecteur: Il peut revenir sans s'être noyé. Le criminel revient toujours au lieu de son crime, comme le boomerang aux pieds de son maître.

Leonide: Que dit l'Inspecteur?

Armande: Que le boomerang revient aux pieds de son maître.   20

Leonide: Très intéressant. Quand vous en serez au fusil à canon coudé, tu voudras bien me prévenir.[41]

L'Inspecteur: Et vous croyez que les événements insolites dont votre ville est le théâtre se rapportent à ce spectre?

Armande: Oh! non. Cela, c'est une autre histoire. Mais à 25 notre avis, les deux histoires ne vont pas tarder à se rejoindre. C'est ce danger qui nous décide à parler.

Le Maire: Soyez claire, mademoiselle Mangebois.

Armande: Monsieur l'Inspecteur, je ne sais si ces messieurs vous ont dépeint dans son horreur tout le scandale.   30

[41] tu voudras bien me prévenir   let me know

L'INSPECTEUR: Oui, oui, mademoiselle, abrégez. Je sais que dans votre ville toute la morale bourgeoise est en ce moment cul par-dessus tête.[42]

LEONIDE: Que dit l'Inspecteur?

5 ARMANDE: Rien de particulier.

LEONIDE: J'exige que tu me répètes les trois derniers mots, comme d'habitude.

ARMANDE: A tes ordres...[43] Tu m'ennuies... Cul par-dessus tête.

LEONIDE: Ah! vous parlez de Mme Lambert!

10 ARMANDE: Nous ne parlons pas de Mme Lambert ...

LEONIDE: Ce ne peut être que de Mme Lambert ou de la receveuse.

L'INSPECTEUR: Quelle est cette Mme Lambert?

ARMANDE: La femme de l'horloger ... et de quelques autres ...

15 LE CONTROLEUR: Comment?

ARMANDE: Et de quelques autres.

LE CONTROLEUR, *soudain passionné:* Pardon! Je ne souffrirai pas que l'on suspecte la conduite de Mme Lambert!

L'INSPECTEUR: Monsieur le Contrôleur, notre enquête est
20 suffisamment ardue. Il n'est pas ici question de Mme Lambert.

LE CONTROLEUR: Eh bien, tant pis, il en sera question. Vous ne vous étonnez pas, à Paris, aux terrasses des cafés ou dans les salons littéraires de voir soudain un poète se lever
25 et faire sans raison l'éloge du printemps. Mme Lambert est le printemps de notre ville.

ARMANDE: Ce jeune homme est fou!

LE MAIRE: Monsieur le Contrôleur!

---

[42] **cul par-dessus tête** topsy-turvy
[43] **A tes ordres** *A play on the military expression* **A vos ordres.**

LE CONTROLEUR: Que nous frôlions Mme Lambert debout au pas de son magasin en feignant de prendre l'heure à cent cadrans qui se contredisent, ou que nous l'apercevions à travers sa vitrine, occupée, ses jolies dents dans l'effort mordillant sa langue, à boucler un bracelet-montre [5] au poignet d'une communiante ou à faire sauter de son ongle rosé le boîtier d'un militaire, il nous faut bien convenir que la spécialité la plus émouvante de la France ce ne sont ni ses cathédrales, ni ses hôtelleries, mais cette jeune femme dont le corsage tendrement moulé [10] de satin ou d'organdi aimante dans chaque petite ville aux diverses heures du jour l'itinéraire du sous-préfet,[44] des lycéens et de toute la garnison!

LEONIDE: Que dit le Contrôleur?

ARMANDE: Absolument rien! [15]

LE CONTROLEUR: Bref, cette beauté de province à laquelle rien ne m'empêchera en cette minute de rendre hommage en la personne de Mme Lambert, et sous tous les noms et formes qu'a revêtus Mme Lambert au cours de ma carrière pourtant encore si courte, quand elle s'appelait [20] Mme Merle et était libraire à Rodez, Mme Lespinard, la bandagiste de Moulins, ou Mme Tribourty, la gantière de Castres ... Ces gants d'agneau viennent de chez elle ... Pas une déchirure ... Je me porte garant de Mme Lambert. [25]

L'INSPECTEUR: Messieurs, je lève la séance. Nous n'arriverons à rien avec une telle gabegie. Vous avez un blâme, Contrôleur.

ARMANDE: Et Mlle Isabelle, monsieur le Contrôleur, vous vous portez garant aussi de Mlle Isabelle? [30]

LE DROGUISTE: Vous n'allez pas mêler Mlle Isabelle à ces scandales?

---

[44] **dont le corsage . . . sous-préfet** whose delicately molded bosom clothed in satin or organdy acts like a magnet, in every town, at any hour of the day, for the steps of the sub-prefect

Le Controleur: Elle est la pureté et l'honneur mêmes.

Le Maire: Et je me félicite de lui avoir confié, en l'absence de la titulaire, la classe des fillettes.

Armande: Que les hommes sont aveugles! Mlle Isabelle est là
5 dans ce champ. Vous avez une nièce dans sa classe, monsieur le Maire. Appelez-la ... Vous verrez ce qu'on lui apprend à la petite Daisy!

Le Maire: Que lui apprend-on?

Armande: Profitez de la présence de M. l'Inspecteur pour lui
10 faire passer un examen, et vous le verrez.

L'Inspecteur: Mais encore? [45]

Armande: Nous soupçonnions depuis longtemps Isabelle d'être pour quelque chose dans les machinations qui corrompent notre ville. Depuis ce matin, nous en avons la certitude.

15 Le Controleur: Calomnie!

Armande: Léonide, dis à ces messieurs pourquoi nous sommes sûres qu'Isabelle est la coupable.

Leonide: Parce que l'agenda où elle écrit chaque soir le récit de sa journée nous en a fait l'aveu.

20 L'Inspecteur: Comment est-il venu en votre possession?

Armande: Comment est-il venu en ta possession?

Leonide: Je l'ai trouvé, sur le trottoir.

Le Droguiste: Vous avez eu l'impudence de le lire?

Armande: Tu as eu l'impudence de le lire?

25 Leonide: Est-ce que je te demande ton avis? Je l'ai feuilleté pour découvrir le nom de son propriétaire.

Le Controleur: Ce carnet appartient à Mlle Isabelle. Vous deviez le lui rendre.

45 **Mais encore?** Now what?

ARMANDE: Ce carnet appartient à Mlle Isabelle. Tu devais le
lui rendre.

LEONIDE: Mêle-toi de ce qui te regarde![46] Le voici, monsieur
le Maire! Ouvrez-le au hasard.[47] Vous y verrez votre
favorite à l'œuvre; s'ingéniant à séparer les époux mal 5
assortis, excitant par des drogues les chevaux contre
les charretiers qu'elle prétend brutaux, multipliant les
lettres anonymes pour signaler aux maris ou aux femmes
les vertus de leurs conjoints. Ouvrez-le au 21 mars, par
exemple, si vous voulez savoir combien vous fûtes avisé 10
d'en faire votre maîtresse d'école! Quoi? Qu'est-ce qu'on
dit?

ARMANDE: Mais c'est toi qui parles ...

L'INSPECTEUR: Lisez, monsieur le Maire.

LE MAIRE, *lisant:* «21 mars ... 21 mars! ... Organisé petite fête du 15
printemps. Profité de la circonstance pour faire à mes
élèves l'éloge du corps, leur expliquer sa beauté. Souligné
les bienfaits, la franchise de la coquetterie. Pour les
exercer, élisons le plus bel homme de la ville.» Leur
choix se porte sur le sous-préfet. Ce n'est déjà pas si 20
mal.

ARMANDE: M. le Contrôleur n'était pas encore parmi nous.

L'INSPECTEUR: Mais en effet, c'est une infamie! Et à laquelle
il faut porter promptement remède. Contrôleur, prévenez
cette demoiselle d'avoir à venir immédiatement ici, avec 25
ses élèves. Je vais passer illico leur examen.[48] J'étais sûr
qu'il y avait des femmes à la base de ces turpitudes.
Dès qu'on laisse un peu de liberté à ces fourmis dans
l'édifice social, toutes les poutres en sont rongées en
un clin d'œil. 30

---

[46] **Mêle-toi de ce qui te regarde!** Mind your own business!
[47] **Ouvrez-le au hasard.** Open it at random.
[48] **Je vais passer illico leur examen.** I'm going to give them an examination at once.

Le Controleur, *sur le point de sortir, se retourne:* Permettez,
monsieur l'Inspecteur ...

L'Inspecteur: Vous refusez d'aller chercher Mlle Isabelle?

Le Controleur: Certes, non, monsieur l'Inspecteur. Je voulais
5   respectueusement contester l'exactitude de votre méta-
phore et vous faire remarquer qu'il y a pourtant une
certaine différence entre les femmes et les fourmis.

L'Inspecteur: Si vous voyez la moindre, vous êtes plus malin
que moi. Hâtez-vous, je vous prie.

10 Le Controleur: Notez que je ne méprise pas les fourmis. Je
reconnais leurs qualités exceptionnelles. Je sais qu'elles
traient des puces et qu'elles ont des militaires. Mais de
là à les comparer aux femmes, à toutes les femmes, non!

Armande: Pour une fois, bravo, monsieur le Contrôleur ...

15 Le Controleur: Vous avez dit cela en l'air,[49] au hasard. Quelle
est la caractéristique du physique de la fourmi?

L'Inspecteur: Je vous ai donné un ordre, Contrôleur.

Leonide: Que disent-ils?

Armande: L'Inspecteur prétend qu'il ne peut distinguer une
20   femme d'une fourmi.

Leonide: Il est marié?

L'Inspecteur, *éclatant:* Non, je ne distingue pas, mademoiselle.
Même affairement, même bavardage dès que deux se
rencontrent. Même cruauté vis-à-vis de qui pénètre dans
25   leur cercle. Et leur taille. Et tous ces paquets qu'elles
portent. Absolument des fourmis.

Le Controleur: Monsieur l'Inspecteur, si, renversant une
fourmi, vous la touchez du bout de l'index ...

L'Inspecteur: Je vous enjoins pour la dernière fois, d'aller
30   chercher Mlle Isabelle.

[49] **en l'air** without thinking (*lit.,* up in the air)

Le Contrôleur s'incline et
sort.

LE MAIRE: Mais enfin, monsieur l'Inspecteur, nous nous étions réunis pour parler du spectre et non d'Isabelle!

ARMANDE: C'est la même chose.   5

LE DROGUISTE: Vous allez sans doute prétendre aussi que Mlle Isabelle est une sorcière?

ARMANDE: Ouvrez le carnet au 14 juin, et lisez.

L'INSPECTEUR: Le 14 juin, c'était hier. Nous sommes bien le 15? [50]
                                                            10

ARMANDE: Nous nous demandions pourquoi depuis quelque temps, Mlle Isabelle choisissait les bords de l'étang pour ses sorties nocturnes. La dernière page de son carnet vous fixera.[51]

L'INSPECTEUR: Lisez, monsieur le Maire.   15

LE MAIRE, *lisant:* «14 juin. Je suis certaine que ce spectre a compris que je crois en lui, que je peux l'aider. Comment peut-on ne pas croire aux spectres? Il me cherche, car on signale son passage partout où j'ai mené mes fillettes en promenade. Près de quelque bois, à la chute du jour, [20] il va sûrement m'apparaître, et quels conseils ne va-t-il pas me donner pour rendre la ville enfin parfaite. Je suis sûre que c'est pour demain.»

L'INSPECTEUR: Et demain, c'est anjourd'hui.

LEONIDE: Que dit l'Inspecteur?   25

ARMANDE: Que demain, c'est aujourd'hui.

LEONIDE: C'est une opinion ...

LE CONTROLEUR, *réapparaissant:* Mlle Isabelle me suit, monsieur l'Inspecteur.

---

[50] **Nous sommes bien le 15?** It is the 15th today, isn't it?
[51] **vous fixera** will clear things up for you

ARMANDE: Partons, Léonide, Isabelle arrive.

L'INSPECTEUR: Mes remerciements, mesdemoiselles. J'espère que
grâce à vos indications, nous allons voir enfin la vérité
toute nue.

5 ARMANDE: C'est tout ce que nous avons à offrir à ces messieurs,
nous ne disposons point de Mme Lambert ...[52]

L'INSPECTEUR: Vous savez manier la flèche du Parthe,[53] mademoiselle.

LEONIDE: Comment?

10 ARMANDE: L'Inspecteur parle de la flèche du Parthe.

LEONIDE: Quelle panoplie! [54]

Les demoiselles Mangebois
sortent.

LE CONTROLEUR, *regardant Isabelle qui approche:* Si les fourmis
15   qui marchent dans les prairies ressemblent à la Victoire
de Samothrace [55] avec sa tête, à la Vénus de Milo
avec ses bras, si le sang de la grenade colore leurs pom-
mettes, celui de la framboise leur sourire, alors, oui,
monsieur l'Inspecteur, et seulement dans ce cas, Isabelle
20   ressemble à une fourmi. Regardez-la!

[52] **nous ne disposons point de Mme Lambert**   we don't have Mme Lambert
at our disposal (to offer **toute nue,** is understood)
[53] **la flèche du Parthe**   A reference to the cavalry of Parthia (in ancient
times a country of Asia, southeast of the Caspian Sea), which effectively
utilized its arrows against an opponent while in flight. By extension, the
phrase has come to mean someone who utters a witty or biting remark.
[54] **Quelle panoplie!**   What a collection of arms! Léonide is taking the
reference to the **flèche du Parthe** in its military sense.
[55] **La Victoire de Samothrace**   Winged Victory and **La Vénus de Milo**   Two
of the most famous statues found in the Louvre museum in Paris.

Scène 6

*L'Inspecteur. Le Contrô-
leur. Le Droguiste. Le
Maire. Isabelle, puis les
Petites Filles.*

ISABELLE: Vous m'avez demandée, monsieur l'Inspecteur?   5

L'INSPECTEUR: Mademoiselle, les bruits les plus fâcheux courent
sur votre enseignement.[56] Je vais voir immédiatement
s'ils sont fondés [57] et envisager la sanction.

ISABELLE: Je ne vous comprends pas, monsieur l'Inspecteur.

L'INSPECTEUR: Il suffit! Que l'examen commence ... Entrez, les   10
élèves ... (*Elles rient.*) Pourquoi rient-elles ainsi?

ISABELLE: C'est que vous dites : entrez, et qu'il n'y a pas de
porte, monsieur l'Inspecteur.

L'INSPECTEUR: Cette pédagogie de grand air [58] est stupide ... Le
vocabulaire des Inspecteurs y perd la moitié de sa force ...   15
(*Chuchotements.*) Silence, là-bas ... La première qui
bavarde balaiera la classe, le champ, veux-je dire, la campagne ... (*Rires.*) Mademoiselle, vos élèves sont insupportables!

LE MAIRE: Elles sont très gentilles, monsieur l'Inspecteur, re-   20
gardez-les.

L'INSPECTEUR: Elles n'ont pas à être gentilles. Avec leur gentillesse, il n'en est pas une qui ne prétende avoir sa

---

[56] **les bruits les plus fâcheux courent sur votre enseignement** I have
heard some very unpleasant reports about your teaching
[57] **s'ils sont fondés** if they have any basis
[58] **de grand air** outdoors

manière spéciale de sourire ou de cligner. J'entends [59] que
l'ensemble des élèves montre au maître le même visage
sévère et uniforme qu'un jeu de dominos.

Le Droguiste: Vous n'y arriverez pas, monsieur l'Inspecteur.

5 L'Inspecteur: Et pourquoi?

Le Droguiste: Parce qu'elles sont gaies.

L'Inspecteur: Elles n'ont pas à être gaies. Vous avez au programme le certificat d'études et non le fou rire.[60] Elles
sont gaies parce que leur maîtresse ne les punit pas assez.

10 Isabelle: Comment les punirais-je? Avec ces écoles de plein ciel,
il ne subsiste presque aucun motif de punir. Tout ce qui
est faute dans une classe devient une initiative et une
intelligence au milieu de la nature. Punir une élève qui
regarde au plafond? Regardez-le, ce plafond!

15 Le Controleur: En effet. Regardons-le.

L'Inspecteur: Le plafond, dans l'enseignement, doit être compris de façon à faire ressortir la taille de l'adulte vis-à-vis
de la taille de l'enfant. Un maître qui adopte le plein air
avoue qu'il est plus petit que l'arbre, moins corpulent
20   que le bœuf, moins mobile que l'abeille, et sacrifie la
meilleure preuve de sa dignité. (*Rires.*) Qu'y a-t-il encore?

Le Maire: C'est une chenille qui monte sur vous, monsieur
l'Inspecteur!

L'Inspecteur: Elle arrive bien [61] ... Tant pis pour elle!

25 Isabelle: Oh! monsieur l'Inspecteur ... Ne la tuez pas. C'est la
collata azurea.[62] Elle remplit sa mission de chenille!

L'Inspecteur: Mensonge. La mission de la *collata azurea* n'a

---

[59] **J'entends**   I expect
[60] **le fou rire**   giggles
[61] **Elle arrive bien ...**   That's just fine
[62] **la collata azurea**   *As far as can be determined, Giraudoux has invented this expression.*

jamais été de grimper sur les Inspecteurs. (*Sanglots.*)
Qu'ont-elles maintenant? Elles pleurent?

Luce: Parce que vous avez tué la *collata azurea!*

L'Inspecteur: Si c'était un merle qui emportât la *collata azurea*,
elles trouveraient son exploit superbe, évidemment, elles 5
s'extasieraient.

Luce: C'est que la chenille est la nourriture du merle! ...

Le Controleur: Très juste. La chenille en tant qu'aliment perd
toute sympathie.

L'Inspecteur: Ainsi, voilà où votre enseignement mène vos 10
élèves, mademoiselle, à ce qu'elles désirent voir un Inspecteur manger les chenilles qu'il tue! Eh bien, non, elles
seront déçues. Je tuerai mes chenilles sans les manger, et
je préviens tous vos camarades de classe habituels, mes
petites, insectes, reptiles et rongeurs, qu'ils ne s'avisent 15
pas d'effleurer mon cou ou d'entrer dans mes chaussettes,
sinon je les tuerai! ... Toi, la brune, veille à tes taupes, car
j'écraserai les taupes, et toi, la rousse, si un de tes écureuils
passe à ma portée, je lui romps sa nuque d'écureuil, de ces
mains, aussi vrai que, quand je serai mort, je serai mort ... 20
(*Elles s'esclaffent.*)

Les Petites Filles: Pff ...

L'Inspecteur: Qu'ont-elles à s'esclaffer?

Isabelle: C'est l'idée que quand vous serez mort, vous serez
mort, monsieur l'Inspecteur ... 25

Le Maire: Si nous commencions l'examen?

L'Inspecteur: Appelez la première. (*Mouvements.*) Pourquoi
ces mouvements?

Isabelle: C'est qu'il n'y a pas de première, monsieur l'Inspecteur, ni de seconde, ni de troisième. Vous ne pensez pas 30
que j'irais leur infliger des froissements d'amour-propre. Il
y a la plus grande, la plus bavarde, mais elles sont toutes
premières.

L'Inspecteur: Ou toutes dernières, plus vraisemblablement. Toi, là-bas, commence! En quoi es-tu la plus forte?

Gilberte: En botanique, monsieur l'Inspecteur.

L'Inspecteur: En botanique? Explique-moi la différence entre
5   les monocotylédons et les dicotylédons? [63]

Gilberte: J'ai dit en botanique, monsieur l'Inspecteur.

L'Inspecteur: Ecoutez-la! Sait-elle seulement ce qu'est un arbre?

Gilberte: C'est justement ce qu'elle sait le mieux, monsieur l'Inspecteur.

10 Isabelle: Si tu le sais, dis-le, Gilberte. Ces messieurs t'écoutent.

Gilberte: L'arbre est le frère non mobile des hommes. Dans son langage, les assassins s'appellent les bûcherons, les croque-morts les charbonniers, les puces les picverts.

Irene: Par ses branches, les saisons nous font des signes toujours
15   exacts. Par ses racines les morts soufflent jusqu'à son faîte leurs désirs, leurs rêves.

Viola: Et ce sont les fleurs dont toutes les plantes se couvrent au printemps.

L'Inspecteur: Oui, surtout les épinards ... De sorte, ma petite,
20   si je te comprends bien, que les racines sont le vrai feuillage, et le feuillage, les racines.

Gilberte: Exactement.

L'Inspecteur: Zéro! ... (*Elle rit.*) Pourquoi cette joie, petite effrontée?

25 Isabelle: C'est que dans ma notation, j'ai adopté le zéro comme meilleure note, à cause de sa ressemblance avec l'infini.

Le Controleur: Intéressant.

---

[63] **les monocotylédons et les dicotylédons** *A monocotyledon is a seed plant whose seed has one embryonic leaf; the seed of a dicotyledon has two embryonic leaves.*

L'Inspecteur: Monsieur le Maire, vraiment, je suffoque ... Continuez, mademoiselle, interrogez vous-même.

Isabelle: Parle de la fleur, Daisy.

Daisy: La fleur est la plus noble conquête de l'homme.

L'Inspecteur: Très bien. Cela promet. 5

Daisy: Dans la fleur, mon attention se porte sur le pistil et les étamines. C'est eux qui reçoivent le pollen des autres fleurs, par l'entremise du vent. C'est ainsi que naît la plante, d'une façon tellement différente de celle adoptée par l'oiseau. 10

Gilberte: L'Ornithorynque ...

Viola: Surtout le carnivore! ...

L'Inspecteur: Un scandale, monsieur le Maire, un scandale! Mon opinion sur les événements du bourg est faite!

Le Maire: Passons à la géographie, monsieur l'Inspecteur ... 15 Toi, ma petite Viola, qui cause les éruptions des volcans?

Viola: C'est l'ensemblier, monsieur le Maire.

L'Inspecteur: C'est quoi?

Viola: C'est l'ensemblier!

Les Fillettes: C'est l'ensemblier! 20

L'Inspecteur: L'ensemblier? Elles sont folles?

Isabelle: Monsieur l'Inspecteur, je veille à ce que ces enfants ne croient pas à l'injustice de la nature. Je leur en présente toutes les grandes catastrophes comme des détails regrettables il est vrai, mais nécessaires pour obtenir un 25 univers satisfaisant dans son ensemble, et la puissance, l'esprit qui les provoque, nous l'appelons, pour cette raison, l'ensemblier! [64]

[64] **l'ensemblier** *Besides the special meaning of the word proposed by Isabelle,* **l'ensemblier** *also refers to an interior decorator. Giraudoux is making a pun on the word, for the interior decorator would provide his own* **univers satisfaisant dans son ensemble.**

Le Controleur: Très juste! Très sensé!

L'Inspecteur: Et je suppose, mademoiselle, si je comprends bien votre méthode, que vous avez imaginé aussi, pour expliquer les petits ennuis et les petites surprises de la vie, un second personnage malin et invisible, celui qui claque les volets la nuit ou amène un vieux monsieur à s'asseoir dans la tarte aux prunes posée par négligence sur une chaise?

Viola: Oh! oui, monsieur l'Inspecteur! C'est Arthur!

L'Inspecteur: C'est Arthur ou l'Ensemblier, qui fait monter la chenille sur les Inspecteurs en visite?

Les Petites Filles: C'est Arthur! C'est Arthur!

L'Inspecteur: Et c'est Arthur qui fait tuer la chenille par les Inspecteurs?

Les Petites Filles: Non, non, l'Ensemblier! L'Ensemblier!

Les Autres Assistants: L'Ensemblier!

L'Inspecteur: C'est à désespérer, monsieur le Maire! Je n'ai jamais vu cela!

Le Maire: Peut-être qu'en histoire elles seront plus fortes ...

L'Inspecteur: En histoire? Mais vous ne voyez donc pas à quoi tend cette éducation? A rien moins qu'à soustraire ces jeunes esprits au filet de vérité que notre magnifique xixᵉ siècle a tendu sur notre pays. En histoire! Mais ce sera comme en calcul ou en géographie! Et vous allez le voir! Toi, qu'est-ce qui règne entre la France et l'Allemagne?

Irene: L'amitié éternelle. La paix.

L'Inspecteur: C'est trop peu dire. Toi, qu'est-ce qu'un angle droit?

Luce: Il n'y a pas d'angle droit. L'angle droit n'existe pas dans la nature. Le seul angle à peu près droit s'obtient en prolongeant par une ligne imaginaire le nez grec [65] jusqu'au sol grec.

---

[65] **le nez grec** the perfect nose

L'INSPECTEUR: Naturellement! Toi, combien font deux et deux?

DAISY: Quatre, monsieur l'Inspecteur.

L'INSPECTEUR: Vous voyez, monsieur le Maire ... Ah! pardon!
Ces petites imbéciles me font perdre la tête. D'ailleurs,
au fait, d'où vient que,[66] pour elles aussi, deux et deux 5
font quatre? Par quelle aberration nouvelle, quel raffinement de sadisme, cette femme a-t-elle imaginé cette
fausse table de multiplication absolument conforme à la
vraie! ... Je suis sûr que son quatre est un faux quatre, un
cinq dévergondé et dissimulé. Deux et deux font cinq, 10
n'est-ce pas, ma petite?

DAISY: Non, monsieur l'Inspecteur, quatre.

L'INSPECTEUR: Et entêtées, avec cela! Toi, chante-moi la *Marseillaise!*

LE MAIRE: Est-ce bien au programme, monsieur l'Inspecteur? 15

L'INSPECTEUR: Qu'elle chante la *Marseillaise!*

ISABELLE: Mais elle la sait, monsieur l'Inspecteur. La *Marseillaise*
des petites filles, naturellement.

DENISE: Je la sais, monsieur le Maire. Je la sais!

> *Elle chante.* 20

LA MARSEILLAISE DES PETITES FILLES

> *Le Pays des petites filles,*
> *C'est d'avoir plus tard un mari,*
> *Qu'il ait nom Paul, John ou Dimitri.*
> *Pourvu qu'il sache aimer et que bien il s'habille.* 25

ISABELLE: Au refrain, mes enfants!

LES PETITES FILLES:
> *Refrain*
> *A Marseille, à Marseille,*
> *La patrie, c'est le soleil!* 30

---

[66] **d'où vient que** how does it happen that

Le vrai quatorze juillet
C'est Marseille ensoleillé!

L'Inspecteur: Quelle honte! Et peignées, chacune à sa guise!
Et ce signe qu'elles ont au cou, au crayon rouge, c'est un
vaccin?

Luce: Non, monsieur l'Inspecteur, c'est pour les spectres!

L'Inspecteur: Nous y voilà. Ces demoiselles Mangebois avaient
raison. Les spectres?

Luce: Les spectres, les fantômes. C'est la marque à laquelle ils
reconnaissent des amis, mademoiselle l'écrit elle-même sur
nous tous les matins!

L'Inspecteur: Effacez-la!

Luce et Les Petites Filles: Jamais! Jamais!

Viola: Nous avons trop peur.

Les Petites Filles: Nous avons trop peur; le spectre est dans
les environs.

L'Inspecteur: Effacez-la, ou je vous gifle!

Les Petites Filles: Nous avons trop peur! Le spectre est dans
les environs!

L'Inspecteur: Taisez-vous. Apprenez qu'après la mort il n'y a
pas de spectres, petites effrontées, mais des carcasses; pas
de revenants mais des os et des vers. Et répétez toutes ce
que je viens de vous dire. Toi, qu'est-ce qu'il y a après
la mort?

Le Droguiste: Ne leur gâtez pas l'idée qu'elles ont de la vie,
monsieur l'Inspecteur.

L'Inspecteur: Elles en auront toujours une idée trop favorable,
monsieur le Droguiste. Je vais leur apprendre ce qu'est la
vie à ces nigaudes : une aventure lamentable, avec, pour
les hommes, des traitements de début misérables, des
avancements de tortue, des retraites inexistantes, des

boutons de faux col en révolte, et pour des niaises comme
elles, bavardage et cocuage, casserole et vitriol. Ces petites
imbéciles me font parler en vers pour la première fois de
ma vie. Ah! vous apprenez le bonheur à vos élèves,
mademoiselle!   5

ISABELLE: Je leur apprends ce que Dieu a prévu pour elles!

L'INSPECTEUR: Mensonge. Dieu n'a pas prévu le bonheur pour
ses créatures : il n'a prévu que des compensations, la
pêche à la ligne, l'amour et le gâtisme. Monsieur le Maire,
ma décision est prise. Le Contrôleur, dont les fonctions   10
ne sont pas autrement absorbantes, assurera provisoirement la direction de la classe. Où allez-vous, mesdemoiselles? C'est l'ensemblier qui vous fait sortir sans prendre
congé?

ISABELLE: Faites vos révérences, mes enfants.   15

L'INSPECTEUR: Par deux, et fermez vos bouches; les cas d'aérophagie pullulent dans l'arrondissement. Qu'est-ce que tu
emportes là?

GILBERTE: Le tableau bleu, monsieur l'Inspecteur.

L'INSPECTEUR: Que le tableau bleu reste ici! Qu'il reste avec la   20
craie dorée, l'encre rose, et le crayon caca d'oie. Vous
aurez un tableau noir, désormais! Et de l'encre noire! Et
des vêtements noirs! Le noir a toujours été dans notre
beau pays la couleur de la jeunesse ... Et regardez-moi!
A la bonne heure,[67] elles commencent à se ressembler   25
maintenant. Un mois de discipline et l'on ne pourra plus
les distinguer l'une de l'autre ... Quant à vous, mademoiselle, j'écris dans l'heure à vos parents que vous dés-
honorez leur famille et notre Université.

ISABELLE: Je suis orpheline, monsieur l'Inspecteur.   30

L'INSPECTEUR: Tant mieux pour eux. Au moins ils ne vous voient
pas.

---

[67] **A la bonne heure**   Fine

ISABELLE: Ils me voient, monsieur l'Inspecteur, et m'approuvent.

L'INSPECTEUR: Félicitations. Cela nous donne une haute idée
de l'enseignement primaire aux Enfers.

ISABELLE: Sortez, monsieur l'Inspecteur!

5 L'INSPECTEUR: Je sors, mademoiselle. Il n'y a pas de porte, mais
je sors. Nous nous retrouverons. Je demeure ici jusqu'à
ce que j'aie liquidé ce scandale ... Venez, messieurs! Où
est mon chapeau? Qui a mis un hérisson à la place de
mon chapeau?

10 VIOLA: C'est Arthur, monsieur l'Inspecteur ...

LES PETITES FILLES: C'est Arthur! monsieur l'Inspecteur! C'est
Arthur!

> *Tous sortent, moins Isa-*
> *belle et le Droguiste.*

Scène 7

15   *Isabelle. Le Droguiste.*

ISABELLE: Vous avez à dire quelque chose, monsieur le Droguiste?

LE DROGUISTE: Non. Je n'ai absolument rien à dire.

ISABELLE: A faire, alors?

20 LE DROGUISTE: Non, je n'ai absolument rien à faire. Je reste une
minute, pour la transition.[68]

ISABELLE: Quelle transition?

---

[68] **Je reste une minute, pour la transition.** *The dramatist enjoys this
particularly ironical device of taking his audience into his confidence
and discussing his craft with them.*

LE DROGUISTE: A mon âge, mademoiselle, chacun se rend compte
du personnage que le destin a entendu lui faire jouer
sur la scène de la vie. Moi, il m'utilise pour les transitions.

ISABELLE: Certes, vous êtes toujours le bienvenu.

LE DROGUISTE: Ce n'est pas précisément ce que je veux dire. 5
Mais je sens que ma présence sert toujours d'écluse entre
deux instants qui ne sont pas au même niveau, de tampon
entre deux épisodes qui se heurtent, entre le bonheur et le
malheur, le précis et le trouble, ou inversement. On le
sait dans la ville ... C'est toujours moi que l'on charge 10
d'apprendre l'accident mortel d'auto de leur amant à des
femmes qui jouent au bridge, le gain du million de la
loterie à un cardiaque. C'est moi qui ai annoncé la décla-
ration de la guerre à l'Union des mères des soldats de
l'active ...[69] J'arrive, et, par cette seule présence, le passé 15
prend la main du présent le plus inattendu.[70]

ISABELLE: Et vous voyez la nécessité d'une transition en ce
moment?

LE DROGUISTE: Au plus haut point. Nous voilà installés, du fait
de l'Inspecteur, dans un présent ridicule, trivial, cruel, et 20
il ne faut pas être grand clerc pour sentir que, pourtant,
en cette minute, un moment de douceur et de calme
suprême cherche, dans le soir, à se poser. Et il y a aussi
la transition à ménager entre l'Isabelle que nous connais-
sons, si vive, si terrestre, et je ne sais quelle Isabelle 25
amoureuse et surnaturelle, à nous inconnue.

ISABELLE: Comment allez-vous vous y prendre? [71]

LE DROGUISTE: Avec vous, rien de plus simple. Avec cette
femme au bridge dont l'amant s'était noyé, certes, il m'a
fallu un bon quart d'heure. Elle avait cent d'as, trois rois, 30
et on lui contrait les trois sans atout de sa demande. Elle

---

[69] **l'active** *the regular army*
[70] **le passé prend la main du présent le plus inattendu** the past and the
most unexpected present join hands
[71] **Comment allez-vous vous y prendre?** How are you going to arrange it?

surcontrait, naturellement ...[72] L'amener de ce délire à son Emmanuel noyé, ce ne fut pas une petite affaire ... Mais avec vous, Isabelle, pour que le mystère s'installe sur le moment le plus vulgaire, il suffit d'un rien, d'un geste, de ce geste ... d'un silence, de ce silence ... (*Court silence.*) Voyez, c'est presque fait. Mes collègues en transition, la chauve-souris, la chouette, commencent doucement leur ronde ... Dites seulement le nom de cette heure : et tout sera prêt.

Isabelle: Tout haut?[73]

Le Droguiste: Oui, qu'on entende ...

Isabelle: On m'a dit jadis qu'elle s'appelait le crépuscule.

Le Droguiste: On ne vous a pas menti ... Et, au crépuscule, quel écho vient des petites villes?

Isabelle: Celui des clairons qui s'exercent. (*Clairons.*)

Le Droguiste: Ecoutez-les ... Il y a trois bruits qui sont le diapason de notre pays, le ratissage des allées dans le sommeil de l'aube, le coup de feu d'après vêpres, et les clairons au crépuscule ...

Isabelle: Ils se taisent.

Le Droguiste: Et quand le dernier clairon s'est tu, qui se dresse parmi les roseaux et les saules, qui ajuste sa cape noire, et circule à travers les cyprès et les ifs, s'adossant aux ombres déjà prises de la future nuit? ...

Isabelle, *souriant:* Le spectre! Le spectre!

Le Droguiste, *disparaissant:* Voilà ... J'ai fini!

[72] **Elle avait . . . naturellement.** She had all four aces, three kings, and they had doubled her three no-trump bid. She redoubled naturally.
[73] **Tout haut?** Aloud?

Scène 8

Isabelle. Le Spectre.

Isabelle est assise sur le
tertre. Elle a tiré sa glace,
se regarde, regarde ses
yeux, ses cheveux. Le fan-   5
tôme surgit derrière elle.
Elle le voit dans le miroir.
Bel homme jeune. Pour-
point velours. Visage pâle
et net. Un moment de   10
confrontation comme une
conversation muette. Isa-
belle baisse le petit miroir,
le relève, envoie une tache
de soleil, du soleil cou-   15
chant, sur le spectre qui
semble souffrir.

ISABELLE: Je m'excuse, de cette tache de soleil!

LE SPECTRE: C'est passé. La lune est venue.

ISABELLE: Vous entendez ce que disent les vivants, tous les   20
vivants?

LE SPECTRE: Je vous entends.

ISABELLE: Tant mieux. Je désirais tellement vous parler.

LE SPECTRE: Me parler de qui?

ISABELLE: De vos amis, de mes amis aussi, j'en suis sûre : des   25
morts. Vous savez pas mal de choses, sur les morts?

LE SPECTRE: Cela commence.

ISABELLE: Vous me les direz?

LE SPECTRE: Venez ici, chaque soir, à cette même heure, et je les dirai. Votre nom?

ISABELLE: Mon nom est vraiment sans intérêt. Vous me les direz, je pense, d'une façon un peu moins grave. Vous n'allez pas me faire croire qu'ils ne sourient jamais?

LE SPECTRE: Qui, ils?

ISABELLE: Nous parlons des morts.

LE SPECTRE: Pourquoi souriraient-ils?

ISABELLE: Que font-ils alors, quand il arrive quelque chose de drôle aux Enfers?

LE SPECTRE: De drôle aux Enfers?

ISABELLE: De drôle ou de tendre, ou d'inattendu. Car je pense bien qu'il y a des morts maladroits, des morts comiques, des morts distraits?

LE SPECTRE: Que laisseraient-ils tomber? Sur quoi glisseraient-ils?

ISABELLE: Sur ce qui correspond dans leur domaine au cristal ou aux pelures d'orange ... Sur un souvenir ... Sur un oubli ...

LE SPECTRE: Non. Tous les morts sont extraordinairement habiles ... Ils ne butent jamais contre le vide. Ils ne s'accrochent jamais à l'ombre ... Ils ne se prennent jamais le pied dans le néant ... Et leur visage, rien jamais ne l'éclaire ...

ISABELLE: C'est là ce que je ne peux arriver à comprendre, que les morts eux-mêmes croient à la mort. Des vivants, on peut concevoir une telle bêtise. Il est juste de croire que la stupidité, le mensonge, l'obésité auront leur fin, de croire aussi que la bonté, la beauté mourront. Leur fragilité est leur lustre. Mais, des morts, j'attendais autre chose! De ces morts dont toute part est noble, purifiée, pure, j'attendais autre chose.

LE SPECTRE: Qu'ils croient à la vie, n'est-ce pas?

ISABELLE: A la vie des morts, sans aucun doute ... Voulez-vous

que je vous parle franchement? J'ai souvent l'impression
qu'ils se laissent aller. Ne parlons pas de vous, qui êtes là,
que je remercie d'être là. Mais je pense qu'il leur suffirait
peut-être d'un peu plus de volonté, de gaieté, pour
s'évader et venir vers nous. Il ne s'est donc trouvé per- 5
sonne parmi eux pour leur en donner le désir?

Le Spectre: Ils vous attendent ...

Isabelle: Je viendrai ... Je viendrai ... Mais je n'ai pas le sentiment que je serai particulièrement forte et volontaire, une
fois disparue. Je sens très bien au contraire que ce qui 10
me plaira dans la mort, c'est la paresse de la mort, c'est
cette fluidité un peu dense et engourdie de la mort, qui
fait qu'en somme, il n'y a pas des morts, mais uniquement des noyés ... Ce que je peux faire pour la mort, je
ne peux l'accomplir que dans cette vie ... Ecoutez-moi ... 15
Depuis mon enfance, je rêve d'une grande entreprise ...
C'est ce rêve qui me rend digne de votre visite ... Dites-
moi : il n'y a donc pas encore eu de mort de génie, de
mort qui rende la foule des morts consciente de sa force,
de sa réalité,—un empereur, un messie des morts? Ne 20
croyez-vous pas que tout serait merveilleusement changé,
pour vous et pour nous, s'il surgissait un jeune mort,
une jeune morte,—ou un couple, ce serait si beau,—qui
leur fasse aimer leur état et comprendre qu'ils sont im-
mortels? 25

Le Spectre: Ils ne le sont pas.

Isabelle: Comment cela?

Le Spectre: Eux aussi, ils meurent.

Isabelle: C'est curieux comme toutes les races se connaissent
mal! La race des Indiens se croit rouge, la race des nègres 30
se croit blanche, la race des morts se croit mortelle.

Le Spectre: Il arrive qu'une fatigue les prend,[74] qu'une peste

---

[74] **Il arrive qu'une fatigue les prend**   It happens that a weariness comes
over them

des morts sur eux souffle, qu'une tumeur de néant les
ronge ... Le beau gris de leur ombre s'argente, s'huile.
Alors, c'est bientôt la fin, la fin de tout ...

ISABELLE: Voyons, vous n'allez pas croire cela! ... Il est sûrement
un moyen d'expliquer cette défaillance!

LE SPECTRE: La fin de la mort.

ISABELLE: Certainement non! Ne soyez pas obstiné ... Racontez-
moi tout et je suis sûre de tout vous expliquer pour le
mieux ...

LE SPECTRE: Tout? Votre nom, d'abord.

ISABELLE: Je vous dis que mon nom n'a pas d'importance ... Je
m'appelle comme tout le monde ... Parlez ... Ayez confiance!

LE SPECTRE: Après la mort de la mort ...

ISABELLE: Très bien ... C'est juste maintenant que cela devient
intéressant. Après la mort de la mort qu'arrive-t-il? ... Je
vous écoute ... Voilà ... (*Elle regarde derrière elle.*) Personne ne peut entendre ... Personne ... (*Pendant qu'elle
se retournait, le spectre a disparu.*) Où êtes-vous? Où
êtes-vous? (*Elle regarde désespérée autour d'elle. Elle crie.*)
Isabelle! Je m'appelle Isabelle!

RIDEAU

Acte Deuxième

Un autre aspect de la campagne. Bosquets de hêtres. Haies. Crépuscule encore lointain.

Scène 1

Le Contrôleur. Les Petites Filles (munies de lampes électriques). Puis le Droguiste.

LE CONTROLEUR: Formez le triangle,[1] mes enfants.

Les fillettes forment une sorte de triangle, en chantant.

---

[1] **Formez le triangle** *The children are playing a game in which they imitate the constellations, as part of their astronomy lesson. Most of the special terms used here and on the following pages (**Triangle, Balance, Loup, Horloge, Poisson**) refer to austral constellations or constellations of the southern hemisphere.*

Les Fillettes, *chantant:*
>   *Le grand frisson qu'éprouva Bougainville* [2]
>   *Ce fut un soir à Nouméa*
>   *De voir les feux du Triangle immobile*
5   *Ruisseler sur les bougainvilléas! ...*

Le Controleur: Très bien. La Balance!

Les Fillettes, *chantant et formant une balance dont la plus grande est le fléau:*
>   *Si s'exauçait le vœu de mon enfance,*
10   *Pour peser le poids de la nuit,*
>   *Au ciel astral je serai la Balance*
>   *Dont les plateaux sont la joie et l'ennui ...*

Le Controleur: Les Quatre Loups!

Le Droguiste, *entrant:*   Bonjour, mes enfants, vous jouez aux
15   quatre coins? [3]

Le Controleur: Aux quatre coins du ciel, oui.

Les Petites Filles: Bonne nuit, monsieur le Droguiste, bonne
        nuit.

Le Droguiste: Pourquoi bonne nuit? Le jour est encore très
20   haut. Que fait celle-là, les jambes écartées, avec sa lampe
        électrique?

Gilberte: Je suis le Compas austral, monsieur le Droguiste.

Le Controleur: Vous nous surprenez en plein cours d'astro-
        nomie. Relève ta lampe, Gilberte. Tu es de première
25   grandeur.

---

[2] **Louis-Antoine de Bougainville**   *French navigator who wrote an account of a trip that he made in 1766–1769,* **Voyage autour du monde (1771).** **Nouméa** *is the capital of French territorial New Caledonia.* **Les bougain-villéas** *is a reference to a climbing plant, chiefly tropical American flowering vines.*

[3] *The children are playing* **quatre loups** *or* **quatre coins du ciel,** *which apparently involves representing the northern, southern, eastern, and western parts of the sky. The druggist thinks that they are playing another children's game,* **quatre coins,** *in which each of the players tries to touch one of four designated trees.*

LE DROGUISTE: Vous avez bien choisi votre soir. Vous pourrez voir les étoiles surgir, l'une après l'autre. Belle nuit pour les petites filles qui veulent apprendre à compter jusqu'au milliard. Vous aurez même Orion.

LE CONTROLEUR: Hélas! non. L'Inspecteur exige que mes élèves 5 se couchent avec le soleil.

LE DROGUISTE: Et vous leur parlez de nos astres devant un ciel vide? Mauvais système, et qui risque d'exciter la concupiscence de ces jeunes demoiselles : elles vont se mettre à désirer les étoiles comme des diamants. 10

LE CONTROLEUR: Je m'en garde.[4] Je sais trop que les petites filles ne croient que ce qu'elles voient. Leurs yeux ne leur permettent pas de distinguer en plein jour à travers l'air notre voûte céleste, mais c'est un jeu pour leur imagination de voir à travers la terre tous les détails de l'autre 15 calotte du firmament. Oui, nous sommes en pleine nuit australe.

LE DROGUISTE: Et elles s'y reconnaissent?

LE CONTROLEUR: Où est la Balance volante, Daisy?

DAISY: Exactement sous M. le Droguiste. 20

LUCE: C'est pour cela qu'on le voit si bien.

LE CONTROLEUR: L'avantage de ces constellations océaniennes est que les anciens ne les ont pas connues et qu'elles ont été baptisées par quelque astronome physicien ou franc-maçon. C'est un ciel complètement moderne. Il est 25 plein, non de héros, mais d'objets : l'horloge, le triangle, la balance, le compas. On dirait un atelier. Les enfants adorent les ateliers ... Viola, saute du triangle à la machine pneumatique!

VIOLA: Par la boussole? 30

LE CONTROLEUR: Non, par le poisson austral.

---

[4] **Je m'en garde.** I'm watching out for it.

Viola: C'est qu'il y a onze milliards de lieues.

Le Controleur: Mets deux enjambées, nigaude. Très bien.
Reformez la Croix du Sud, mes enfants.

> *Les fillettes forment une*
> *croix en chantant.*

Les Fillettes:

> Pas n'est besoin, racontait La Pérouse,[5]
> De connaître le Talmud
> Pour découvrir l'antipode jalouse.
> Mon gouvernail, ce fut la Croix du Sud.

Le Controleur: L'inconvénient du système, évidemment, est
que j'en arrive à leur montrer le ciel comme un plancher
et non un plafond, la nuit comme quelque chose sur
quoi l'on marche.

Le Droguiste: N'ayez pas peur. Au premier tour complet de
leur cœur, elles la retrouveront au-dessus d'elles. Elles
sont logiques.

Le Controleur: Elles sont logiques en ce que j'obtiens toujours
avec elles le résultat contraire à celui que j'attendais.
Cette semaine, par exemple, pour leur mettre dans la tête
la notion la plus utile à l'homme, celle du volume, de la
pesanteur, je leur ai fait soupeser de la fonte, j'ai cassé
un thermomètre pour remplir leurs dés de mercure. Elles
ont tenu à me porter à elles toutes pour voir ce que pèse
un homme. Résultat : elles sont toutes amoureuses du
spectre.

Luce: Comme Mlle Isabelle!

Le Controleur: Tu seras punie, Luce. Eteins ta lampe. Tu
seras étoile morte pendant dix minutes. Vas-tu éteindre?

Luce: Les étoiles mortes brillent encore deux millions d'années
après leur mort.

---

[5] **Jean-Francois de Lapérouse** (*or* **La Pérouse**) *Famous French navigator
who lived from 1741 to 1788.* **Talmud** *is a reference to the collection of
Jewish traditions interpreting Moses's law.*

Le Controleur: Oui, et les humains deux secondes. Eteins. D'ailleurs, c'est l'heure de la récréation. Disparaissez.

Les fillettes disparaissent.

Le Droguiste: Vous vous intéressez beaucoup à Mlle Isabelle?

Le Controleur: Je ne suis malheureusement pas le seul. Depuis 5 ce matin, j'ai l'impression que l'Inspecteur aussi est au courant.

Le Droguiste: Au courant de quoi?

Le Controleur: Ne faites pas non plus l'ignorant. Vous savez parfaitement que le spectre continue à apparaître et que 10 l'on rencontre un peu trop souvent Isabelle dans les parages où il revient.

Le Droguiste: C'est son droit.

Le Controleur: Ce n'est pas son droit. Elle qui nous appartenait à tous, qui est le bon sens de la ville, de la nature 15 entière, elle n'en a pas le droit. Car vous n'allez pas me dire, cher Droguiste, que vous croyez vraiment que ce spectre existe.

Le Droguiste: Qu'il existe déjà, je n'en suis pas sûr, en effet. Mais qu'il existera ce soir, c'est fort possible. 20

Le Controleur: Je ne vous suis pas.

Le Droguiste: J'ai tout à fait l'impression que nous pourrions fort bien assister, ce soir, à la naissance d'un spectre.

Le Controleur: La naissance d'un spectre? Comment? Pourquoi? 25

Le Droguiste: Comment, je n'en sais rien. Ce sera notre surprise. Pourquoi? Parce que je n'imagine pas qu'une pareille atmosphère se soit amassée sur notre ville gratuitement. Chaque fois que la nature a pris, vis-à-vis d'une agglomération d'hommes, ce ton d'ironie, ce froncement 30 comique et inquiétant du front de l'éléphant que son

cornac énerve,[6] il en est toujours résulté un événement
mystérieux, naissance d'un prophète, crime rituel, découverte d'une nouvelle espèce animale. C'est dans un de ces
instants que le premier cheval est apparu soudain devant
5   la caverne de nos ancêtres. Nous ne ferons pas exception.

Le Controleur: Pour cela, c'est exact. Notre ville est folle.

Le Droguiste: Elle est bien plutôt dans cet état où tous les
vœux s'exaucent, où toutes les divagations se trouvent
être justes. Chez un individu, cela s'appelle l'état poéti-
10   que. Notre ville est en délire poétique. Vous ne l'avez pas
constaté sur vous-même?

Le Controleur: Si fait! Ce matin, à mon lever, j'ai pensé, Dieu
sait pourquoi, à ce singe dénommé mandrille,[7] dont le
derrière est tricolore. Qui ai-je heurté en poussant ma
15   porte? Un mandrille. Un mandrille apprivoisé que des
bohémiens tenaient en laisse, mais enfin, il y avait un
mandrille sur mon trottoir.

Le Droguiste: Et si vous aviez pensé à un tatou,[8] vous auriez
heurté un tatou; à une Martiniquaise et cela eût été une
20   Martiniquaise, et tout se fût expliqué de la façon la plus
naturelle, par le passage d'un cirque ou le déménagement
d'un gouverneur colonial en retraite.[9] La ville est en état
de chance, comme un individu à la roulette qui gagne à
chaque coup sur le numéro plein.[10]

25 Le Controleur: Mais alors, ne devons-nous pas veiller plus
étroitement sur Mlle Isabelle?

Le Droguiste: Sans aucun doute. Car la nature n'est jamais

---

[6] **ce froncement . . . énerve** this amusing and disturbing frown of the
elephant when he is being irritated by his keeper
[7] **mandrille** mandrill, *a baboon of West Africa*
[8] **tatou** armadillo
[9] **le déménagement d'un gouverneur colonial en retraite** a retired colonial
governor who is moving
[10] **comme un . . . numéro plein** like a person playing roulette who wins
each time betting only on one number

grosse [11] impunément. Les montagnes n'ont jamais ac-
couché d'un rat, ni les orages d'un oiseau, mais de lave
et de foudre. Tout va s'y mettre [12] pour nous créer un
spectre, la lumière, l'ombre, la bêtise, l'imagination, les
spectres eux-mêmes, s'ils existent, sans compter l'Inspec-   5
teur.

Le Controleur: Notre numéro plein est sorti. Le voilà ...

Scène 2

Le Contrôleur. L'Inspec-
teur. Le Maire. Le Dro-
guiste.   10

L'Inspecteur: Affaire urgente, messieurs, voici la lettre que, par
courrier spécial, m'expédie le gouvernement. Lisez, monsieur le Maire, elle vous intéresse.

Le Maire: Croyez-vous vraiment qu'elle m'intéresse?

L'Inspecteur: Autant que moi, surtout la fin.   15

Le Maire: Mais la fin, justement ...

L'Inspecteur: Je vous prie de la lire.

Le Maire: Le gouvernement me semble du dernier bien [13] avec
vous?

L'Inspecteur: Il l'est, pour mon bonheur.   20

Le Maire: Il dépose un baiser sur votre bouche adorée, vous
réclame cent francs et signe «Ton Adèle».

---

[11] **grosse**   pregnant
[12] **Tout va s'y mettre**   Everything will join forces
[13] **du dernier bien**   of utmost concern

L'Inspecteur: Pardon, j'ai confondu. Voici la vraie lettre. J'exige votre sérieux, messieurs. Nous touchons à une heure tragique.

Le Maire, *lisant:* « Le Conseil supérieur a pris connaissance des
5   événements singuliers qui troublent votre circonscription. Passionnément laïque, il se félicite de voir que l'hystérie collective trouve en France un autre exutoire que le miracle. Il n'attendait pas moins de la terre limousine qui a su jeter entre le naturalisme des druides et le radicalisme
10   contemporain, au-dessus des superstitions cléricales et tout en donnant trois papes à la chrétienté, une arche de croyances locales et poétiques. »

Le Controleur: Comme c'est bien dit! De qui se compose le Conseil supérieur?

15 L'Inspecteur: Son nom même l'indique: des esprits supérieurs.

Le Maire, *lisant:* « Cependant, le caractère des perturbations provoquées par ce spectre dans la vie communale n'est pas suffisamment démocratique pour justifier une collaboration tacite du gouvernement. En conséquence, le
20   Conseil vous donne pleins pouvoirs pour aérer définitivement le district et place à votre disposition les autorités civiles et militaires. »

L'Inspecteur: Donc, messieurs, au travail. Terminons notre chasse.

25 Le Maire: N'est-elle pas terminée, monsieur l'Inspecteur? Depuis quinze jours que nous pourchassons dans la ville les êtres et les animaux suspects d'étrangeté, le gibier s'épuise.

L'Inspecteur: Vraiment, et quel était le tableau d'hier?

30 Le Maire: Insignifiant!

L'Inspecteur: En ce qui concerne les hommes? [14]

---

[14] **En ce qui concerne les hommes?** What about the people?

Le Controleur: Nous avons mis sous séquestre le registre où
  le Conservateur des Hypothèques [15] inscrivait secrètement
  les hypothèques morales et démoniaques de nos com-
  patriotes.

L'Inspecteur: En ce qui concerne les animaux?   5

Le Maire: Nous avons attrapé au lasso, et malheureusement
  privé de vie, un chien qui ressemblait étrangement à un
  de nos courtiers de publicité les plus en vue,[16] mais qui
  a retrouvé dans la mort l'expression d'humanité et de
  loyauté familière à sa race. C'est peu.   10

L'Inspecteur: C'est peu. Et qu'avez-vous rêvé, cette nuit, mon
  cher Maire?

Le Maire: Ce que j'ai rêvé, pourquoi?

L'Inspecteur: Si l'atmosphère de la ville est à ce point purifiée,
  ses habitants doivent jouir des rêves les plus normaux de 15
  France. Vous rappelez-vous ce que vous avez rêvé?

Le Maire: Certes! Je me débattais contre deux hannetons géants
  qui, pour m'échapper, devinrent en fin de compte mes
  deux pieds. C'était gênant. Ils rongeaient le gazon et
  rien de plus difficile que d'avancer avec des pieds qui 20
  broutent. Puis, ils se changèrent en mille-pattes, et alors,
  tout alla bien, trop bien!

L'Inspecteur: Et vous, cher Contrôleur?

Le Controleur: C'est assez délicat à vous dire.

L'Inspecteur: Vous êtes en service commandé.   25

Le Controleur: J'aimais avec délire une femme qui sautait
  en redingote à travers un cerceau, le sein droit dévoilé,
  et cette femme, c'était vous.

L'Inspecteur: Ainsi, messieurs, voilà le rêve, flatteur pour moi

---

[15] le Conservateur des Hypothèques *The official in each major town of the
department who records the mortgages.*
[16] les plus en vue *most often seen*

j'en conviens, que vous appelez un rêve français normal.
Et si vous le multipliez par quarante-deux millions, vous
prétendez que ce résidu nocturne est digne du peuple
le plus sensé et le plus pratique de l'univers?

5 LE CONTROLEUR: Par rapport au résidu des soixante-quatre millions de rêves allemands, c'est assez probable.

LE DROGUISTE: En somme, monsieur l'Inspecteur, vous com-
mencez à être impressionné par ce surnaturel?

L'INSPECTEUR: J'en arrive à vous, Droguiste. En ce qui vous
10 concerne aussi, la coupe est pleine.[17] C'est grâce à votre
éternel sourire et à votre silence perpétuel que notre
lutte contre l'influence d'Isabelle n'a pas fait un pas
dans la sous-préfecture. J'ai l'impression que vous n'êtes
pas étranger à ces mystifications continuelles qui pou-
15 vaient avoir jadis leur sel [18] dans quelque résidence de
Thuringe,[19] mais qui font tourner le cœur du citoyen
éclairé. A minuit, une main facétieuse ajoute un treizième
coup aux douze coups du beffroi. Il suffit qu'un haut
fonctionnaire s'asseye sur un banc pour que ce banc
20 devienne fraîchement peint, ou à une terrasse pour que
le sucre refuse de fondre dans son café, même bouillant.
Un martinet vient de me frapper de plein fouet, en pleine
poitrine,[20] habitué sans doute à traverser vos spectres.
Je lui ai opposé pour son malheur la densité humaine,
25 mais mes binocles de rechange sont en morceaux. Je
frémis à l'idée des dérogations au bon sens que nous
apportera demain le tirage de votre loterie mensuelle.
Aussi, je vous en avertis. J'entends porter un terme à
ces divagations humiliantes dès ce soir, en mettant
30 définitivement Isabelle hors de cause.

---

[17] **En ce qui vous concerne aussi, la coupe est pleine.** As far as you're
concerned, I've had enough.

[18] **sel** beginnings

[19] **Thuringe** *One of the principal divisions of Germany in the Middle
Ages, accounting for Giraudoux's association of the region with the
mysterious and the fantastic.*

[20] **en pleine poitrine** directly across the chest

Le Maire: Que vient faire Isabelle dans cette histoire?

L'Inspecteur: Monsieur le Maire, à part vous chacun sait dans
la ville que depuis un demi-mois Mlle Isabelle accepte
un rendez-vous quotidien.

Le Controleur: Mensonge.   5

Le Maire: Quelle est cette plaisanterie?

L'Inspecteur: Ce n'est pas une plaisanterie. Chaque soir, vers
six heures, vers cette heure-ci, Isabelle s'échappe par
un faubourg, de l'air faussement oisif de qui va ravitailler
un évadé dans sa cachette. Mais elle est plus rose que 10
jamais, son œil plus alerte à la fois et plus noyé, et,
comme ses mains sont vides, il est hors de doute que
les vivres portés par elle à ce protégé, c'est ce sang,
cette vie, et cette tendresse ... Un repas de spectre, en
un mot, et peut-être avec dessert.   15

Le Controleur: Monsieur l'Inspecteur!

Le Maire: Voyons, monsieur l'Inspecteur. Si je me suis arrangé
ce matin pour vous faire déjeuner avec Isabelle, c'est justement pour vous montrer combien tout en elle est réel,
vivant. Avez-vous vu jamais un appétit plus humain?   20

L'Inspecteur: C'est ce qui vous trompe. Je l'ai bien observée.
Evidemment, elle a repris du lièvre à la royale et causé
de sérieux dommages dans le clan des profiteroles.[21] Mais
j'ai remarqué qu'à côté du vrai déjeuner de viandes et
de crèmes, elle picorait, sans s'en douter elle-même, des 25
miettes de pain, des grains de riz, des bribes de noisette,
bref qu'elle faisait un de ces repas justement qu'on met
dans les tombes. Qui, en elle, nourrissait-elle ainsi? Et
dans sa toilette, à côté de sa robe, de son collier, j'ai dis-
tingué une seconde Isabelle, toute pâle, parée et préparée 30
pour un rendez-vous infernal. Elle le croit du moins.
C'est celle-là en ce moment qui se met hypocritement

---

[21] **elle a repris . . . profiteroles**   she took a second helping of the rabbit
"*à la royale*" and she really went to town in the pastry department

en route vers cette lisière de forêt et à laquelle nous
allons nous attaquer sans retard.

Le Maire: Mais que convient-il d'entreprendre d'après vous?

Le Controleur: Monsieur l'Inspecteur, évitons tout incident
5   ou tout scandale. Mlle Isabelle veut bien parfois bavarder
avec moi. Laissez-moi lui parler, attirer son attention sur
les dangers de sa conduite. Je suis sûr de la convaincre.

Le Droguiste: Et peut-on vous demander par quel moyen vous
comptez réduire [22] Isabelle?

10 L'Inspecteur: Par la force. Ce n'est pas sans motif que j'ai
attendu, pour agir, que [23] le gouvernement plaçât à ma
disposition les forces armées de la ville. Il faut liquider
cette histoire de spectre. Par là seulement je peux atteindre le prestige d'Isabelle, et mon opinion diffère
15   de la vôtre en ce que je crois avoir affaire, non à un
spectre, mais à votre assassin du château. C'est ici
qu'ils se rejoignent, et vers cette heure. Je viens lui
tendre un guet-apens. Cachés derrière ce bosquet, les
agents de la force publique se saisiront de lui à mon
20   signal.

Le Maire: Ne comptez pas sur le garde champêtre, monsieur
l'Inspecteur. C'est l'ouverture de la pêche. Il est en
tournée.

L'Inspecteur: J'aurai donc recours aux gendarmes.

25 Le Maire: Les gendarmes sont en quarantaine, et aussi bien
vis-à-vis des honnêtes que des malhonnêtes gens. Un
cas de scarlatine s'est déclaré [24] à la gendarmerie.

L'Inspecteur: Peu importe qu'un inspecteur attrape la scarlatine!

Le Maire: Ce n'est pas l'avis du Parquet, car c'est le Parquet
30   que le malfaiteur contaminerait à son tour, du concierge

---

[22] **vous comptez réduire?**   you are planning to convince
[23] **que [jusqu'à ce que]**
[24] **s'est déclaré**   has occurred

au substitut. Une justice qui veut être saine exige des criminels sains.

L'Inspecteur: Vous ne me prendrez pas de court,[25] monsieur le Maire. Je me doutais du peu d'empressement que l'on mettrait ici à seconder mes efforts, et toutes mes précau- 5 tions sont prises.

Le Maire: Qu'avez-vous encore imaginé?

L'Inspecteur: Rien que de simple.[26] J'ai appris que la ville voisine recèle l'homme de France qui redoute le moins de se colleter avec les bandits morts et vivants. 10

Le Maire: L'ancien bourreau, qui a pris là-bas sa retraite?

L'Inspecteur: Lui-même, et je l'ai convoqué par une annonce qui lui promet cinq cents francs. Vous le connaissez?

Le Maire: Personne ne le connaît. Il vit très à l'écart.[27] Mais l'effet de votre annonce, hélas, est trop certain! Où 15 doit-il vous rejoindre?

L'Inspecteur: Ici même et je l'attends. Avec des armes.

Le Maire: Mais l'autre peut se débattre, se défendre!

Le Controleur: Monsieur l'Inspecteur, je vous en prie. Permettez-moi, avant qu'il ne soit trop tard, de parler d'abord 20 à Mlle Isabelle!

L'Inspecteur: Chut, messieurs, la voilà! Vous voyez! Mes prévisions se vérifient. Vous avez cinq minutes pour la convaincre, monsieur le Contrôleur. Sinon je passe à l'action ... Je vous laisse avec elle. Nous autres, allons 25 au-devant de ce bourreau qui me semble tarder.

Le Droguiste: Le bourreau n'est exact qu'à l'aurore.

Ils sortent.

---

[25] **Vous ne me prendrez pas de court**   You won't be able to put me off so easily
[26] **Rien que de simple.**   Something very simple.
[27] **Il vit très à l'écart.**   He keeps very much out of the way.

$\mathcal{S}$cène 3

Le Contrôleur, puis Isa-
          belle.

Le Controleur: Quelle marche légère est la vôtre, mademoi-
          selle Isabelle! Que ce soit sur le gravier ou les brindilles,
5   on vous entend à peine. Comme les cambrioleurs qui
          savent dans les maisons ne pas faire craquer l'escalier,
          en marchant juste sur la tête des pointes qui l'ont cloué,
          vous posez vos pas sur la couture même de la province.

Isabelle: Vous parlez bien, monsieur le Contrôleur. C'est très
10   agréable de vous entendre.

Le Controleur: Oui. Je parle bien quand j'ai quelque chose
          à dire. Non pas que j'arrive précisément à dire ce que je
          veux dire. Malgré moi, je dis tout autre chose. Mais
          cela, je le dis bien ... Je ne sais si vous me comprenez?

15 Isabelle: Je comprends qu'en me parlant de la couture de la
          province, vous voulez m'exprimer un peu de sympathie.
          Vous êtes très gentil pour les femmes ... C'est très bien
          ce que vous avez dit de Mme Lambert!

Le Controleur: Justement! En parlant d'elle, je ne pensais pas
20   seulement à Mme Lambert.

Isabelle: Vous pensiez à prendre le contrepied de l'Inspecteur.
          Je vous remercie. Tout ce que fait cet individu m'est
          incompréhensible et odieux: vous savez pourquoi il
          m'espionne?

25 Le Controleur: Il vient de nous le dire. Il trouve anormal que
          l'on croie aux spectres.

Isabelle: Et vous, monsieur le Contrôleur? Vous ne croyez
          jamais à ce qui est anormal?

LE CONTROLEUR: Je commence à m'y habituer: il est anormal qu'il existe un être aussi parfait qu'Isabelle.

ISABELLE: Très bien dit. Ce n'est sûrement pas ce que vous vouliez dire.

LE CONTROLEUR: Oh! mademoiselle Isabelle ...   5

ISABELLE, *elle lui a souri, touchée:* Anormal de croire aux spectres! Ce que j'appelle anormale, moi, c'est cette indifférence que les vivants ont pour les morts. Ou nous vivons dans l'hypocrisie, et les milliards de chrétiens qui professent que les morts ont une autre vie le disent sans 10 le croire. Ou bien, dès qu'ils parlent d'eux, ils deviennent égoïstes et myopes.

LE CONTROLEUR: Vous n'êtes plus myope, vous, mademoiselle Isabelle? Vous les voyez?

ISABELLE: Je ne vois pas encore très clair. Je n'en vois qu'un.   15

LE CONTROLEUR: Mais qui est beau, dit-on, dans la ville?

ISABELLE: Il n'est pas mal.

LE CONTROLEUR: Et jeune aussi, peut-être?

ISABELLE: Dans les trente ans. Autant prendre l'éternité à trente ans, n'est-ce pas, qu'avec une barbe blanche? [28]   20

LE CONTROLEUR: Il vous approche? Vous lui permettez de vous toucher?

ISABELLE: Il ne m'approche pas. Je ne fais aucun pas vers lui. Je sais trop ce que peut ternir un souffle humain.

LE CONTROLEUR: Vous restez ainsi longtemps face à face?   25

ISABELLE: Des heures.

LE CONTROLEUR: Et vous trouvez cela vraiment très raisonnable?

ISABELLE: Cher monsieur le Contrôleur, je me suis obstinée

---

[28] **Dans les . . . blanche?** Thirtyish. I might as well talk to a thirty-year-old figure from eternity as one who's old and decrepit.

toute ma jeunesse, pour obéir à mes maîtres, à refuser toutes autres invites que celles de ce monde. Tout ce que l'on nous a appris, à mes camarades et à moi, c'est une civilisation d'égoïstes, une politesse de termites. Petites filles, jeunes filles, nous devions baisser les yeux devant les oiseaux trop colorés, les nuages trop modelés, les hommes trop hommes, et devant tout ce qui est dans la nature un appel ou un signe. Nous sommes sorties du couvent en ne connaissant à fond qu'une part bien étroite de l'univers, la doublure intérieure de nos paupières. C'est très beau, évidemment, avec les cercles d'or, les étoiles, les losanges pourpres ou bleus, mais c'est restreint, même en forçant sa meilleure amie à appuyer de son doigt sur vos yeux.[29]

LE CONTROLEUR: Mais vous avez été reçue la première au brevet,[30] mademoiselle Isabelle. On vous a appris le savoir humain?

ISABELLE: Ce qu'on appelle ainsi c'est tout au plus la religion humaine et elle est un égoïsme terrible. Son dogme est de rendre impossible ou stérile toute liaison avec d'autres que les humains, à désapprendre, sauf la langue humaine, toutes les langues qu'un enfant sait déjà. Dans cette fausse pudeur, cette obéissance stupide aux préjugés, quelles avances merveilleuses n'avons-nous pas rejetées de tous les étages du monde, de tous ses règnes. Moi seule ai osé répondre. Si tard, d'ailleurs. Mais j'entends répondre. Ma réponse aux morts n'est que la première.

LE CONTROLEUR: Et aux vivants, vous comptez aussi répondre un jour?

ISABELLE: Je réponds à tout ce qui m'interroge.

LE CONTROLEUR: Au vivant qui vous demandera de vivre avec lui, d'être votre mari, vous répondrez?

[29] *Using the image of the closed eyelid, Isabelle indicates that, even at its best, her life has had only limited poetic possibilities.*

[30] **Mais vous . . . brevet** but you took first place in your class

ISABELLE: Je répondrai que je prendrai seulement un mari qui ne m'interdise pas d'aimer à la fois la vie et la mort.

LE CONTROLEUR: La vie et la mort, cela peut encore aller, mais un vivant et un mort, c'est beaucoup, car si je comprends bien, vous continueriez à recevoir le spectre? 5

ISABELLE: Sans aucun doute, j'ai la chance d'avoir des amis dans d'autres domaines que la terre, j'entends en profiter.

LE CONTROLEUR: Et vous ne craignez pas que les événements de votre vie commune en soient amoindris ou gênés?

ISABELLE: En quoi? [31] En quoi le fait pour un mari de trouver 10 en revenant de la chasse ou de la pêche une femme qui croit à la vie suprême, de fermer le soir, après une réunion politique, les volets sur une femme qui croit à l'autre lumière peut-il l'humilier ou l'amoindrir? Cette heure vide de la journée que les autres épouses donnent à des 15 visiteurs autrement dangereux, à leurs souvenirs, à leurs espoirs, au spectre de leur propre vie, à leur amant aussi, pourquoi ne serait-elle pas l'heure d'une amitié invisible?

LE CONTROLEUR: Parce que votre mari pourrait ne rien vouloir admettre entre vous et lui, même d'invisible et d'im- 20 palpable.

ISABELLE: Il y a déjà tant de choses impalpables entre deux époux. Une de plus ou de moins.[32]

LE CONTROLEUR: Entre deux époux?

ISABELLE: Quand ce ne serait que leurs rêves ...[33] Quand ce 25 ne serait que leur ombre. Vous ne vous amusez jamais à piétiner à leur insu l'ombre des personnes que vous aimez, à vous y loger, à la caresser?

---

[31] **En quoi?** In what way?

[32] *Giraudoux is referring to the problems of the couple, a theme which has been the subject of many of his works, including* **Sodome et Gomorrhe.**

[33] **Quand ce ne serait que leurs rêves . . .** Even if it should only be their dreams.

LE CONTROLEUR: L'ombre de votre mari est à lui, et elle ne ressent rien.

ISABELLE: Alors, sa voix.

LE CONTROLEUR: Sa voix?

5 ISABELLE: Il y aura sûrement dans la voix de mon mari un timbre qui me plaira et qui ne sera pas lui, et que j'aimerai sans le lui dire. Et ses prunelles? Vous croyez que je penserai toujours à mon mari, cher monsieur le Contrôleur, en regardant ses prunelles? Je veux un mari 10 comme je voudrais un diamant, pour les joies et pour les feux qu'il me donnera sans s'en douter. Mille choses de lui me feront sans cesse des signes qui le trahiront et le spectre à son égard sera sûrement plus loyal que sa propre apparence.

15 LE CONTROLEUR: Tout ce que l'on sait des spectres, c'est qu'ils sont terriblement fidèles. Leur manque d'occupation le leur permet. Vous verrez apparaître sa tache grise dans les heures où il ne sera qu'un importun et vous n'aurez finalement gagné, à regarder la mort en face, que ces 20 troubles de vue qu'on prend à regarder fixement le soleil.

ISABELLE: Il y a deux soleils. Le sombre n'est pas pour moi le moins tiède ni le moins nécessaire.

LE CONTROLEUR: Prenez garde, Isabelle, prenez garde!

ISABELLE: A qui? A quoi?

25 LE CONTROLEUR: Méfiez-vous des morts ou des prétendus morts qui rôdent autour d'une jeune fille. Leurs intentions ne sont pas pures.

ISABELLE: Celles des morts le sont davantage?

LE CONTROLEUR: Leur jeu est bien connu. Ils s'occupent à 30 séparer un être de la masse des humains. Ils l'attirent par la pitié ou la curiosité loin du troupeau qui se plaît aux robes et aux cravates, qui aime le pain et le vin et ils l'absorbent. Votre spectre ne fait point autre chose.

ISABELLE: N'insistez pas, cher monsieur le Contrôleur. Songez
que de cette foule innombrable des morts, mon spectre
comme vous dites, est le seul qui ait pu parvenir jusqu'à
moi. Et soyez sûr qu'il n'est pas le seul que ce voyage
ait tenté ... Souvent, je sens que de l'océan des ombres 5
se forment des courants, s'orientent des houles vers cette
jeune femme qui croit en elles. Je sens le désir de chacune
de se séparer des autres, de retrouver un corps, une
apparence. Je sens qu'elles m'ont comprise, qu'elles me
signalent aux myriades d'autres. Toutes savent que je 10
ne les accueillerai pas avec des claquements de dents et
des adjurations, mais humainement, simplement ... Ce
que les morts veulent, dans leur visite, c'est qu'on leur
dise: « Reposez-vous de votre éternel repos! Asseyez-vous!
Je fais comme si vous n'étiez pas là ... » C'est voir un 15
morceau de pain, entendre un serin en cage, c'est effleurer
ce modèle de suprême activité que doit être pour eux un
fonctionnaire en retraite, c'est respirer sur une jeune
fille le plus nouveau des parfums, obtenus par les vivants
avec des essences et des fleurs ... « Allons voir Isabelle, 20
disent là-bas des milliards de silences, elle nous attend
... Allons-y ... Nous aurons peut-être la chance de voir
aussi l'agent voyer, le receveur ...[34] » Mais la force leur
manque pour un tel voyage et, à portée de voix de la
recette buraliste, mais sans voix, à vue à œil nu de la 25
sous-préfecture, mais aveugles,[35] ils hésitent et une lame
de fond les disperse ou les remporte ... Seul, mon spectre,
par un prodige de force ou de volonté, a pu surnager
sur le gouffre. J'aurais le cœur de l'y rejeter?

LE CONTROLEUR: Isabelle! Ne touchez pas aux bornes de la 30
vie humaine, à ses limites. Sa grandeur est d'être brève
et pleine entre deux abîmes. Son miracle est d'être
colorée, saine, ferme entre des infinis et des vides. In-

---

[34] **le receveur** the tax collector
[35] **à portée . . . aveugles** within calling distance of the tax collector's
office, but without a voice; with the sub-prefecture clearly in view,
but blind

troduisez en elle une goutte, une seule goutte du sang
des ombres, et votre geste est aussi plein de conséquences
que le sera celui de cet habitant de notre système solaire
qui, un beau jour, par une malencontreuse expérience,
par la synthèse d'un métal plus lourd, ou par une façon
inédite de rire ou d'éternuer, faussera notre gravitation.
Le moindre jeu dans la raison humaine, et elle est perdue.
Chaque humain doit n'être qu'un garde à ses portes.
Vous trahissez peut-être en ouvrant, en cédant à la
poussée du premier mort venu.

ISABELLE: Un seul a forcé. Des milliards poussaient.

LE CONTROLEUR: Justement, des milliards peuvent suivre.

ISABELLE: Où serait le mal? N'insistez pas, cher monsieur le
Contrôleur. Vous m'avez demandé mon avis sur l'homme
qui voudra, un jour, me prendre dans ses bras. Je vous
l'ai dit. Si c'est pour me prendre à tout ce qui m'appelle,
si c'est pour fermer mes paroles par sa bouche, mes regards par ses yeux, pour aider tous ces autres couples
dont on ne voit que le double dos à reformer le misérable
blocus humain, qu'il n'approche pas. Si vous le connaissez,
prévenez-le. Je reverrai le spectre. C'est à choisir ... Adieu:
il m'attend!

LE CONTROLEUR: Il vous attend? Je vous en supplie, mademoiselle Isabelle! En tout cas, ne le revoyez pas aujourd'hui.

ISABELLE: Je me sauve.

LE CONTROLEUR: Je vous en conjure. Pour son bien, n'y allez
pas. L'Inspecteur vous tend à tous deux un piège! Ne
le revoyez pas!

ISABELLE: Je le reverrai, et aujourd'hui même, et à l'instant
même. Et je vous demande en effet de partir, cher
monsieur le Contrôleur, car l'heure approche.

LE CONTROLEUR: Eh bien, je reste. Je le verrai aussi.

ISABELLE: J'en doute. Il me décevrait fort s'il était visible pour
d'autres que pour moi.

Le Controleur: Je le verrai, je le toucherai, je vous prouverai
    son imposture.

Isabelle: Vous ne le verrez jamais.

Le Controleur: Pourquoi?

Isabelle: Pourquoi? Parce qu'il est déjà là!   5

Le Controleur: Où, là?

Isabelle: Là, près de nous: il nous regarde en souriant.

Le Controleur: Ne plaisantez pas! L'heure est grave! L'Inspec-
    teur est en train de poster des hommes armés, pour le
    prendre mort ou vif.   10

Isabelle: Un spectre, mort ou vif, c'est assez drôle ... Oh! voici
    la lune! Et la vraie, monsieur le Contrôleur! Voyez tous
    ces poinçons! [36]

Elle disparaît.

Scène 4

Le Contrôleur. L'Inspec-   15
teur. Le Maire. Le Dro-
guiste . . . Puis les Bour-
reaux.

L'Inspecteur: Eh bien, mon cher Contrôleur? Votre mine
    n'indique pas que vous ayez réussi dans votre entreprise?   20

Le Controleur: J'aurai plus de chance demain.

L'Inspecteur: C'est cela, demain! Pour aujourd'hui faites-moi
    le plaisir de rassembler vos élèves qui vagabondent dans
    la forêt et vont s'y perdre avec la nuit.

---

[36] **Voyez tous ces poinçons!**   *Isabelle amusingly describes her conception of
the "real" moon.*

Le Contrôleur sort.

L'Inspecteur, *fait signe aux deux bourreaux qui sont dans la coulisse:* A nous deux, mes gaillards.[37] Toi, tu prétends que tu es l'ancien bourreau?

5 Le Premier Bourreau: Je le suis!

Le Droguiste: Alors, celui-là, quel est-il?

Le Deuxieme Bourreau: Moi? C'est moi l'ancien bourreau!

L'Inspecteur: L'un de vous deux ment. L'un de vous deux est un imposteur qui veut toucher la prime de cinq cents francs.

10   *Les deux bourreaux pro-*
       testent en même temps.

Vos papiers. Ah! je tiens le faux. Tes papiers te trahissent, mon brave. Tu es l'ancien basson du casino d'Enghien? [38]

15 Le Premier Bourreau: Vous pensez bien que la Sûreté [39] n'indique pas notre vrai titre sur nos feuilles. Elle imagine, pour nous éviter les ennuis, une profession inoffensive, de préférence dans la musique.

Le Deuxieme Bourreau: C'est exact. Je suis déclaré comme
20   petite flûte.[40]

L'Inspecteur: Montrez ce que vous avez dans vos poches ... Monsieur le Maire, essayons de deviner quel est le bourreau d'après ces indices?

Le Maire: Celui-ci a un tire-bouchon prime, une vieille coquille
25   Saint-Jacques et deux cure-dents.

L'Inspecteur: Tout à fait normal!

[37] **A nous deux, mes gaillards.** *Just the two of us now, my lads. The* Inspecteur *is ironically commenting on the appearance of two* **bourreaux.**
[38] **casino d'Enghien** *Enghien-les-Bains, north of Paris, noted for its sulphuric health waters and its casino.*
[39] **la Sûreté** *The* **Sûreté nationale,** *the central crime investigating agency in France.*
[40] **petite flûte** *piccolo*

LE DROGUISTE: Celui-là a un bout de crayon encre,[41] deux dragées, et un peigne de femme.

L'INSPECTEUR: C'est à peu près ce que l'on trouve dans les poches de tous ceux auxquels on les fait vider à l'improviste.

LE MAIRE: Il me semble pourtant que ce devrait être un jeu 5 de distinguer un bourreau d'un paisible citoyen.

L'INSPECTEUR: Essayez vous-même!

LE DROGUISTE: Il paraît que le poil des chiens se dresse devant le bourreau. Attrapons quelque chien de berger!

LE MAIRE: Le temps nous manque! Posez-leur plutôt quelques 10 questions sur leur métier. Les examens sont votre fait.

L'INSPECTEUR: Va pour l'examen des bourreaux ...[42] Je le préfère encore à celui des petites filles ... Toi, de quel bois est la guillotine?

LE PREMIER BOURREAU: Du bois de la croix chrétienne, de 15 chêne, excepté le cadre de la glissière ...

LE DEUXIEME BOURREAU: Qui est du bois de la croix hindoue, du bois de teck ...

L'INSPECTEUR: Toi, qu'a dit Mme du Barry [43] en montant sur l'échafaud? 20

LE PREMIER BOURREAU: Elle a dit : « Encore un petit moment, monsieur le Bourreau, encore un petit moment ...»

L'INSPECTEUR: A ton tour! Qui a dit au bourreau : « Prends garde à ma barbe, bourreau. J'entends qu'elle reste

---

[41] **crayon encre** *A pencil which, when moistened, writes in a different color.*

[42] **Va pour l'examen des bourreaux...** *All right, let's examine the executioners.*

[43] **Jeanne Bécu du Barry** (*1743–1793*) *Mistress of Louis XV, guillotined by the Revolutionary Tribunal. Giraudoux adds his version to the apocryphal stories of the event.*

intacte. Car je suis condamné à avoir le cou tranché, non la barbe. »

LE DEUXIEME BOURREAU: Thomas More ou Morus, en l'année 1535.[44]

5   L'INSPECTEUR: Je n'arriverai pas à les prendre! Toi, qu'est-ce que l'ordonnance de janvier 1847?

LE PREMIER BOURREAU: C'est l'ordonnance Dunoyer de Segonzac[45] par laquelle il est rappelé aux condamnés à mort qu'une exécution est un événement sérieux.

10   LE DEUXIEME BOURREAU: Et interdit de rire ou de plaisanter sur l'estrade pour provoquer la gaieté dans le public.

L'INSPECTEUR: Toi, quelle est la chanson du bourreau?

LE PREMIER BOURREAU: Laquelle, celle du bourreau coquet?

LE DEUXIEME BOURREAU: Celle de la femme bourreau?

15   L'INSPECTEUR: Celle du bourreau coquet. Tu la sais?

LE DEUXIEME BOURREAU: Nous ne savons que cela!

LE PREMIER BOURREAU:

CHANSON DU BOURREAU COQUET

Sur le carrefour du marché
20   *Lorsque je guillotine*
Une aurore fleur de pêcher
M'oint de sa brillantine.

LE DEUXIEME BOURREAU:
Pas d'Houbigant, pas de Guerlain[46]
25   *Dans mon eau de toilette!*

---

[44] **Sir Thomas More** (*1478–1535*) *Author of* Utopia, *celebrated as a martyr in the Roman Catholic Church. He was beheaded in 1535 following his famous dispute with Henry VIII. Giraudoux's account of the execution is essentially correct.*

[45] **André Dunoyer de Segonzac** (*b. 1884*) *French engraver and painter. The dramatist humorously applies Segonzac's name to this fictitious law.*

[46] **Houbigant, Guerlain** *Two famous French perfumes.*

> Quelque condamné sans entrain
> Dirait que je l'entête!

LE PREMIER BOURREAU:
> Mais qu'Aurore fleur de pêcher

LE DEUXIEME BOURREAU: 5
> De rose mes mains teigne

LE PREMIER BOURREAU:
> Mary Stuart [47] me l'a reproché

LE DEUXIEME BOURREAU:
> Ni Ravachol [48] la teigne!   10

L'INSPECTEUR: Et au diable avec l'examen. Puisque vous vous
obstinez à être deux, vous vous partagerez la prime. Cela
vous va? (*Approbation.*) Vous avez vos armes? (*Affirmation.*) Des pistolets? Excellent! Préparez-les et dissimulez-vous derrière ce taillis.   15

LE PREMIER BOURREAU: Il n'y a pas à attendre trop longtemps?
Passé minuit, si je veille, je vomis.

L'INSPECTEUR: Tout sera terminé dans un quart d'heure ... Par
ce chemin va venir une jeune fille ...

LE DEUXIEME BOURREAU: Salut au seul vrai bourreau, à l'amour! 20

L'INSPECTEUR: En face du bosquet, surgira aussitôt un jeune
homme ...

LE PREMIER BOURREAU: Salut au seul vrai condamné, à l'amant!

L'INSPECTEUR: Laissez-les parler cinq minutes. Puis convenez
d'un signal pour tirer sur lui. C'est un dangereux assassin. 25
Le gouvernement vous y autorise.

LE DEUXIEME BOURREAU: Quand il prononcera par exemple la
phrase : Obélisque et Pyramides?

L'INSPECTEUR: Pourquoi?

[47] **Mary Stuart** (*1542–1587*) *Mary, Queen of Scots*
[48] **François-Auguste Ravachol** (*1859–1892*) *French anarchist, guillotined
for his numerous acts against the Third Republic.*

LE DEUXIEME BOURREAU: Ce sont des mots qui s'entendent
bien. Avec mon aide, pour nos signaux, c'était les mots
convenus.

L'INSPECTEUR: Il peut n'avoir aucune raison de prononcer avant
5   quelques années les mots Obélisque et Pyramides! Mais il
est un mot qu'aime ce genre de personnages et qui
revient souvent dans sa conversation.

LE MAIRE: Lequel?

L'INSPECTEUR: Le mot : vivant!

10 LE PREMIER BOURREAU: Entendu, dès qu'il prononcera le mot
vivant.

LE DEUXIEME BOURREAU: Vivant!

LE DROGUISTE: Mettez-les en garde, monsieur l'Inspecteur.

L'INSPECTEUR: J'ai en effet à vous mettre on garde. Par une
15   dernière question. Qui fut Axel Petersen,[49] mes amis?

LE PREMIER BOURREAU: Ce fut le bourreau boucher de Göte-
borg.[50]

LE DEUXIEME BOURREAU: Qui guillotina bel et bien un spectre.

L'INSPECTEUR: Vous voilà prévenus ... Ne perdons plus de temps.
20   Mettons-nous à la recherche d'Isabelle. Elle nous guidera
sûrement à lui.

Rires du Droguiste.

L'INSPECTEUR: Quant à vous, Droguiste, au travail vous aussi!

LE DROGUISTE: Que puis-je faire pour vous?

25 L'INSPECTEUR: S'il est vrai que votre spécialité consiste en ce bas
monde, par une phrase ou par un geste à changer le
diapason de l'atmosphère et à rendre naturels les événe-

---

[49] **Axel Petersen** *The name is fictitious.*
[50] **Goteborg** *The second largest city in Sweden and the country's most
important seaport.*

ments les plus inattendus, au travail! Vous pouvez y aller
d'un bon bémol ou d'un bon dièse!

LE DROGUISTE: Comptez sur moi.[51]

> *L'Inspecteur et les bour-*
> *reaux sortent.*

Scène 5

Le Maire. Le Droguiste.

LE MAIRE: Vous souriez en un pareil moment, Droguiste?

LE DROGUISTE: C'est que je viens de les retrouver, Monsieur
le Maire.

LE MAIRE: Qu'avez-vous retrouvé?

LE DROGUISTE: Mes diapasons!

LE MAIRE: Il s'agit bien de diapasons.[52] Vous venez d'entendre,
il s'agit de meurtre.

LE DROGUISTE: Regardez-les. Je préfère encore ce modèle dans
lequel on souffle, ne soufflez pas encore mon ami, et qu'on
prendrait pour la flûte de Pan,[53] la vraie, celle d'une note
unique, à ce second de métal qui ne ressemble qu'à la
lyre et qu'à l'aimant. Ne le prenez pas ainsi, cher ami,
vous le tenez comme un fer à friser.

LE MAIRE: Cela m'étonne. Je n'ai jamais tenu de fer à friser.
La vie d'un homme est en jeu, Droguiste, et vous
plaisantez!

---

[51] *Giraudoux again indicates the need of a transition.*
[52] **Il s'agit bien de diapasons.** *We're hardly dealing with pitch-pipes!*
[53] **Pan** *The Greek God of fertility, often associated with the pastoral flute.*

LE DROGUISTE: Je les croyais perdus et je les avais sur moi. Si deux pièces d'un sou s'étaient égarées dans la doublure de ma poche, j'aurais tinté comme une mule avec ses sonnailles, et toute la musique du monde s'y cachait en silence. Nous voici sauvés!

LE MAIRE: Vous comptez sur ces diapasons pour protéger Isabelle?

LE DROGUISTE: Mon cher Maire, croyez-vous qu'il soit vraiment nécessaire de protéger Isabelle? La rage de l'Inspecteur contre elle ne vous rappelle rien?

LE MAIRE: Si, celle de ces insectes de proie en captivité qui veulent se dévorer à travers une cloison de vitre.

LE DROGUISTE: Vous l'avez dit. Tous deux se meuvent dans des réalités trop différentes pour que l'un puisse nuire à l'autre. Ils ne sont pas séparés seulement par du verre. Ils vivent dans deux registres complètement différents de la vie, où ce qui est spectre pour l'un est chair pour l'autre, et inversement. Ce que l'on peut seulement craindre, c'est que, par son agitation sans raison et sa voix discordante, l'Inspecteur ait laissé ici assez de dissonances pour troubler, quand elle arrivera, l'atmosphère d'Isabelle. Il ne faut pas que toute cette nature, dont elle tire la vérité intime, résonne tout d'un coup faux sous ses doigts. Mais le danger n'est pas très grand.

LE MAIRE: Je vous comprends, il suffit d'un accordeur.

LE DROGUISTE: D'un diapason ...

LE MAIRE: Et aussi d'une nature docile.

LE DROGUISTE: Ne vous préoccupez pas de cela. La nature adore que ce soit de cet être qui rend en général en marchant et en parlant un son si faux, de l'homme, que parte l'harmonie suprême.[54]

---

[54] **La nature . . . l'harmonie suprême.** Nature prefers that the final harmony come from man, who usually creates discord in his daily activities.

LE MAIRE: Vous croyez vraiment que je peux partir, qu'Isabelle ne risque rien?

LE DROGUISTE: Mon diapason vous en répond.

LE MAIRE: Je vais les surveiller quand même.

Il sort.

LE DROGUISTE, *seul:* Sur une note juste, l'homme est plus en sécurité que sur un navire de haut bord.[55]

> *Le Droguiste souffle dans
> son diapason. La nature
> s'ordonne d'après sa note
> et résonne tout entière
> pendant qu'il s'écarte lui-
> même.*

Scène 6

Le Spectre. Isabelle.

LE SPECTRE: Vous m'attendiez?

ISABELLE: Ne vous excusez pas. Moi aussi, si j'étais spectre, je m'attarderais dans ce crépuscule et ces vallons où je n'ai pu jusqu'ici mener qu'un corps opaque. Buissons, ruisseaux, tout me retiendrait de ce qui ne m'arrêterait plus. Je ne serais pas encore là si je pouvais, comme vous, envelopper de mon ombre tout ce que je ne peux que toucher ou que voir, et me donner pour squelette, selon mon humeur, un oiseau immobile sur sa branche, ou un enfant, ou, de biais, un églantier avec ses fleurs.[56] Con-

[55] un navire de haut bord   a ship of war
[56] Je ne serais . . . fleurs.   I wouldn't still be here if I had your opportunity—the chance to encircle with my shadow everything which I now can only touch or see, and the chance to assume whatever form I like: a motionless bird on the branch, or a child, or, indirectly, a rose bush with its flowers.

tenir, c'est la seule façon au monde d'approcher ... Mais ce que je vous reproche, c'est de revenir ce soir encore seul, toujours seul. Aucun des vôtres n'a pu encore être atteint par vous, se joindre à vous?

Le Spectre: Aucun.

Isabelle: Nous avions pensé hier, après tous nos échecs, que ce qui avait le plus de chance de les alerter, de les émouvoir, d'éveiller ce qui peut être les nerfs d'une ombre, d'un brouillard, ce devait être une espèce de long cri, de longue plainte, uniforme, répétée longuement. Comme ce cri vrai ou rêvé de locomotive qui nous éveille parfois à l'aube entre les vivants. Ou ce cri de sirène des paquebots la nuit, dans des estuaires dont les molles méduses elles-mêmes sont atteintes. Vous l'avez poussé? Vous avez employé votre veille à le pousser?

Le Spectre: Oui.

Isabelle: Vous-même? Seul? Il ne s'est pas joint à votre voix, peu à peu, des milliers de plaintes semblables ...

Le Spectre: Je me suis heurté au sommeil des morts.

Isabelle: Ils dorment?

Le Spectre: Est-ce dormir? Le plus souvent, là où ils s'entassent, règne un frémissement. Une occupation les anime, si intense, qu'il pourrait parfois en jaillir un reflet ou un son. Les nouveaux qui arrivent en ces heures tombent dans une espèce de vibration heureuse sur laquelle s'apaise le dernier reflux de leur vie. Le doux balancement de la terre pour toujours les agite. Mais parfois, au contraire, toute leur masse se prend, est prise comme une glace, gagnée par un sommeil d'hivernage où les arrivants morts là-haut sombrent avec une lueur, car le sommeil des vivants est éclat et soleil.

Isabelle: Et ils étaient ainsi hier? Et cela durera longtemps?

Le Spectre: Des siècles ... des secondes ...

ISABELLE: Et il n'est à espérer aucun secours?

LE SPECTRE: D'eux-mêmes, j'en doute.

ISABELLE: Ne dites pas cela. Parmi ceux qu'a pris le sort autour de moi, il en est que j'ai senti dès la première heure pour toujours disparus, rayés désormais de toute vie et de toute mort. Je les ai lâchés sur le néant comme une pierre. Mais il en est d'autres que j'ai donnés à la mort comme à une mission, à une tentative, dont la mort m'a paru au contraire un accès de confiance. L'atmosphère du voyage et du continent inconnu flottait autour du cimetière. On n'était pas tenté de leur dire adieu par des paroles, mais par des gestes. Tout l'après-midi, je les sentais occupés à découvrir un nouveau climat, une nouvelle flore. Il faisait soleil, et je les voyais là-bas soudain touchés par leur nouveau soleil. Il pleuvait, et eux recevaient les premières gouttes de la pluie infernale. Vous n'allez pas me faire croire que ceux-là, aussi, oublient ou déchoient une fois arrivés?

LE SPECTRE: Ils ne sont pas arrivés, je ne les ai pas vus.

ISABELLE: Mais vous-même, vous renoncez? Cela suffit à vos aspirations, à vos désirs, d'errer en spectre au-dessus d'une petite ville?

LE SPECTRE: Ils ont parfois leurs somnambules. Sans doute j'en suis un.

ISABELLE: Ne croyez pas cela. Vous, je vous ai attiré, je vous ai pris au piège.

LE SPECTRE: Quel piège?

ISABELLE: J'ai chez moi un piège pour attirer les morts.

LE SPECTRE: Vous êtes une sorcière?

ISABELLE: Ma sorcellerie est si naturelle. Quand j'imaginais ce à quoi peuvent penser les morts, je ne leur prêtais pas des souvenirs, des visions, mais seulement la conscience de miroitements, de fragments de lueur, posées sur un angle de cheminée, sur un nez de chat, sur une feuille d'arum, de minuscules épaves colorées surnageant sur leur déluge ...

LE SPECTRE: Alors?

ISABELLE: Alors, toute ma chambre est en apparence une chambre pour vivants, pour petite vivante provinciale. Mais si l'on y regarde de près, on s'aperçoit que tout est calculé pour que cette marque de lumière sur des objets familiers, sur un ventre de potiche, un bouton de tiroir, soit entretenue sans arrêt, le jour par le soleil ou le feu, la nuit par la lampe ou la lune. C'est là mon piège, et je n'ai pas été surprise le soir où j'ai vu votre visage à ma fenêtre. Vous regardiez le reflet de la flamme sur le montant du pare-étincelles,[57] la lune sur l'écaille du réveil,[58] vous regardiez le diamant des ombres : vous étiez pris ...

LE SPECTRE: J'étais pris.

ISABELLE: La question est seulement de savoir ce qui vous a retenu.

LE SPECTRE: Ce qui m'a retenu? Votre voix, d'abord. Ce bavardage de votre voix grâce auquel chaque soir dans le crépuscule il y a maintenant pour les ombres ce qui correspond pour les hommes à l'alouette dans le soleil. Mais surtout cette confiance, si généreuse, que jamais l'idée même ne vous a effleurée que je peux vous avoir trompée et que je suis ...

ISABELLE: Et que vous êtes?

LE SPECTRE: Et que je suis vivant!

> *On entend deux coups de feu. Le Spectre s'affaisse à terre.*

---

[57] **le montant du pare-étincelles**   *the copper framework on the fireguard*
[58] **l'écaille du réveil**   *the cover on the alarm clock*

Scène 7

*Isabelle. L'Inspecteur. Le
Droguiste. Le Maire. Les
Bourreaux, qui surgissent
de divers côtés, puis le
Spectre.*

Le Maire: Qui a tiré? ... Qui est là, à terre?

L'Inspecteur: Vous le voyez: un faux spectre, un vrai mort.

Le Droguiste: Qu'avez-vous fait, misérables!

L'Inspecteur: Remerciez-nous. Nous avons libéré Isabelle de sa
folie, la ville de sa hantise, et le département d'un assassin. 10

Le Droguiste: Personne ne croyait sérieusement au spectre,
Inspecteur. Qui êtes-vous donc pour n'avoir pas compris
qu'une jeune fille a le droit de s'élever au-dessus de sa vie
quotidienne et de donner un peu de jeu à sa raison!

Le Maire: Venez, ma petite Isabelle. Ce pauvre garçon est bien 15
puni de la comédie qu'il vous jouait.

Le Premier Bourreau: Son cœur ne bat plus.

L'Inspecteur: Parfait. Rien d'inquiétant dans un mort comme
un cœur qui bat.

Le Droguiste: Qu'il est beau! Quel beau cadeau à Dieu qu'un 20
beau cadavre. Vous n'avez pas honte devant lui d'avoir vu
juste, Inspecteur ... (*Il s'agenouille.*) Pardon, Isabelle.
Pardon, beau cadavre! ...

L'Inspecteur: Vous êtes fou? Pardon de quoi?

Le Droguiste: De ce que le vulgaire tombe toujours juste,[59] 25

---

[59] **De ce que le vulgaire tombe toujours juste**   That the majority is always
right

de ce que les yeux myopes seuls voient clair, de ce qu'il y
a des cadavres et pas de spectres.

Face aux Bourreaux, iden-
tique au corps étendu,
un spectre monte. Tous
les assistants l'aperçoivent
l'un après l'autre. Isabelle
et le Maire se sont arrêtés
dans leur départ. Seul, le
Droguiste incliné ne voit
rien.

LE DROGUISTE: De ce que le monde n'est pas digne de vous, de
ce qu'il n'offre avec générosité que sa cruauté et sa bêtise :
de ce que l'Inspecteur a raison.

Le spectre est à son
apogée.

UN BOURREAU: Monsieur l'Inspecteur ...

L'INSPECTEUR: Droguiste, j'ai la berlue? Il n'y a personne devant
nous?

Le Droguiste lève la tête.

LE DROGUISTE: Si.

LE MAIRE: Si.

L'INSPECTEUR: Un jeune sapin, sans doute, que le vent remue,
et que notre émotion travestit.

LE MAIRE: Non. Lui.

LES BOURREAUX, *ensemble*: Il avance.

L'INSPECTEUR: Calmez-vous, mes enfants. C'est un phénomène
très fréquent. C'est le mirage. C'est tout simplement le
mirage. Droguiste, le voyez-vous normal ou les pieds en
l'air?

LE DROGUISTE: Le front haut.[60]

[60] **Le front haut.**   His head held high.

L'Inspecteur: Alors, c'est un halo. C'est le halo bien connu de Chevreul.[61] Sa composition est plus instable encore que celle de l'eau. Le moindre geste va le dissiper.

Il gesticule. Le spectre ne
disparaît pas. 5

L'Inspecteur: Cette fille insensée peut être satisfaite. L'hallucination collective a gagné jusqu'aux fonctionnaires départementaux.

Le Spectre: A demain, Isabelle!

L'Inspecteur: Et elle se double de folie auditive! Que raconte-t-il 10 avec son verre de sang?

Le Premier Bourreau: Il ne parle pas de sang. Il parle de guillotine.

Le Spectre: A demain, chez toi, à six heures. Je viendrai. Avec eux tous, eux tous ... 15

L'Inspecteur: Une embolie! Où prend-il [62] que je vais avoir une embolie?

Le Deuxieme Bourreau: Moi une amputation?

L'Inspecteur: Vous m'emmenez, monsieur le Maire?

Le Maire: Partons, Isabelle. La nuit tombe, et tout est fini! 20

Tous sortent.

Le Spectre: Oui, demain tout commence.

[61] **Michel-Eugène Chevreul** (*1786–1889*) *Famous French chemist, noted for his theories on the changing of animal fat into soap. During his first experiments, he noticed that crystals had formed within the mass of material with which he was dealing, thus indicating* **le halo bien connu** *of* **Chevreul.**

[62] **Où prend-il** Where does he get the idea

$\mathcal{S}$*cène* 8

Le Droguiste. Le Contrô-
leur. Les Fillettes. (On
voit par intervalles le
Spectre.)

5 *Le Droguiste s'apprête à*
partir quand on entend les
voix des Petites Filles et
elles entrent, suivies du
Contrôleur.

10 LE CONTROLEUR: Il manque Luce, naturellement. Luce!

LES FILLETTES: Luce! Luce!

Luce apparaît.

LE CONTROLEUR: Pourquoi t'attardes-tu?

LUCE: Parce que je cherchais des vers luisants avec ma lampe
15 électrique.

LE CONTROLEUR: Tu mens. La seule façon de ne pas voir la
lueur des vers luisants c'est de les éclairer.

LUCE: Parce que j'avais perdu ma jarretière.

LE CONTROLEUR: Regarde à ton lance-pierres. Tu la retrouveras.

20 LUCE: Parce que ...

LE CONTROLEUR: Parce que quoi encore? Comment, cher Droguiste, vous m'attendiez?

LE DROGUISTE: Je vous attendais.

LE CONTROLEUR: Pour m'apprendre quelque malheur? Nous
25 avons entendu un coup de feu.

LE DROGUISTE: Pour vous dire que votre heure est proche.

LE CONTROLEUR: Laquelle de mes heures? J'en ai de toute espèce.

LE DROGUISTE: L'heure où vous pourrez combattre votre rival devant celle que vous aimez. 5

LE CONTROLEUR: J'aime quelqu'un?

LES FILLETTES: Mlle Isabelle! Mlle Isabelle!

LE CONTROLEUR: Et j'ai un rival!

LES FILLETTES: Le spectre! Le spectre!

> *Le Spectre est apparu à* 10
> *nouveau derrière eux.*

LE DROGUISTE: Passez devant,[63] mes enfants ... (*Prenant le bras du Contrôleur et sortant avec lui.*) Ecoutez-moi bien, mon cher Contrôleur. Je crains que vous ne vous exagériez la complication de toute cette intrigue. Ce qui se passe 15 ici se passe chaque jour dans une des trente-huit mille communes [64] de France ... Vous savez ce qu'est une jeune fille? ...

LE CONTROLEUR: Je sais, oui, sans savoir ...

> *Ils sortent en devisant. Il* 20
> *n'y a plus, sur la scène,*
> *que Luce.*

LUCE, *achevant lentement sa phrase:* Parce que j'aime rester seule, le soir, dans les forêts.

LA VOIX DU CONTROLEUR: Luce! 25

LUCE: J'ai perdu mon béret!

> *En lançant son béret en*
> *l'air, elle aperçoit le Spec-*
> *tre. Elle s'amuse à mimer*

---

[63] **Passez devant** Go on ahead

[64] **Commune** *The smallest territorial division in France. Thus, what is taking place, the Druggist indicates, is a very ordinary event.*

> *son balancement, les bras*
> *tombants, les jambes en*
> *laine.*[65]

La Voix du Controleur: Tu l'as, ton béret?

> *Luce a encore lancé très*
> *haut, très haut, son béret.*
> *Elle le rattrape.*

Luce: Je l'ai! Je l'ai!

> *Elle fait un pied de nez* [66]
> *au Spectre et disparaît.*

RIDEAU

[65] **les bras tombants, les jambes en laine**   arms hanging loose, knees limp
[66] **Elle fait un pied de nez**   She thumbs her nose

Acte Troisième

La chambre d'Isabelle. Un
balcon à deux fenêtres
d'où l'on voit la place de
la petite ville, sur laquelle
donne aussi une porte
fermée. La philharmo-
nique répète dans un hall
du voisinage pendant
toute la durée de l'acte.

5

Scène 1

Le Maire. L'Inspecteur.
Les Petites Filles.

10

Une porte du fond
s'ouvre. L'Inspecteur, le
Maire, les Petites Filles entrent les uns après les
autres, sur la pointe des
pieds.

15

Le Maire: Mais c'est de l'effraction!

L'Inspecteur: Pensez-vous pouvoir, à notre âge, pénétrer dans la chambre ou le cœur d'une jeune fille autrement [1] que par effraction? Quelle heure est-il?

Le Maire: Au soleil, cinq heures et demie.

L'Inspecteur: Je doute que les spectres prennent leur heure au soleil.

Le Maire: S'ils la prennent à l'Observatoire, il est cinq heures trente-huit.

L'Inspecteur: Reste donc [2] vingt-deux minutes, puisqu'il est annoncé pour six heures. Nous avons tout le temps d'organiser notre tranchée. [3]

Le Maire: Des tranchées, maintenant?

L'Inspecteur: Vous échapperait-il, mon cher Maire, que nous avons l'honneur, dans ce moment d'angoisse où une invasion d'ordre tout spécial menace notre ville, d'occuper les tranchées les plus proches de celles de notre ennemi?

Le Maire: Des tombes?

L'Inspecteur: Il faut bien nous rendre à l'évidence. Après notre départ, hier, Cambronne et Crapuce [4] ont recherché vainement le corps. Ils n'ont trouvé qu'un cercle de gazon brûlé à ras de terre. [5] Hallucination ou spectre, l'action s'en continue aujourd'hui.

Le Maire: Mais que dira Isabelle de nous trouver ici?

L'Inspecteur: Isabelle ne nous trouvera pas. J'ai fait retarder d'une heure la pendule sur laquelle se règle toute la ville.

---

[1] **autrement** in any other way
[2] **Reste donc** We still have
[3] **tranchée** trench warfare
[4] **Cambronne** and **Crapuce** *The names of the two executioners (Act II, Sc. 4). Both names are evidently used for humorous effect.*
[5] **brûlé à ras de terre** burnt to the ground

D'ailleurs Gilberte va se poster dans l'embrasure de la fenêtre et nous donner l'alerte dès que quelqu'un paraîtra.

GILBERTE: Je vois les demoiselles Mangebois.

L'INSPECTEUR: Annonce tout, sauf les demoiselles Mangebois. Tu aurais trop à faire. Tu peux indiquer même les ani- 5 maux, Gilberte. Tout est suspect aujourd'hui.

GILBERTE: Je vois le basset du pharmacien.

L'INSPECTEUR, *s'asseyant:* Même observation pour le basset du pharmacien que pour les demoiselles Mangebois ... Mon cher Maire, j'avais toujours regretté qu'à côté de l'exorcisme religieux, notre siècle de lumières n'eût pas institué encore une sorte de bénédiction laïque, qui interdît à la superstition le local une fois consacré. C'est à cette cérémonie que vous allez assister, et j'ai composé ce matin le texte d'une adjuration que je m'en vais vous 15 lire.[6]

GILBERTE: Est-ce que j'annonce aussi les arbres?

L'INSPECTEUR: Les arbres ne marchent pas, bécasse.

GILBERTE, *se reculant peu à peu:* C'est ce que je croyais ... Mais! C'est ce que je croyais ... Mais ... Mais ... 20

L'INSPECTEUR: Remplace Gilberte, Viola. Elle est nerveuse.

LE MAIRE: On le serait à moins.[7]

L'INSPECTEUR: Le seriez-vous, monsieur le Maire?

LE MAIRE: Je le suis, monsieur l'Inspecteur. D'autant plus que vous me faites manquer le tirage de notre loterie mensuelle, que jusqu'ici j'ai toujours présidé et auquel on procède [8] en ce moment à la mairie.

L'INSPECTEUR: Ne vous occupez pas de la loterie. Le sort nous

---

[6] *The* Inspecteur *hopes that his forthcoming speech, patterned after the churchly benediction, will rid the area of superstition.*

[7] **On le serait à moins.** Anyone might be nervous.

[8] **et auquel on procède** and which they are about to begin

y réserve les mêmes avatars que dans la précédente.
Rendez-moi bien plutôt compte de l'enquête dont je vous
ai chargé auprès [9] de vos concitoyens. Ne sommes-nous
pas leurs représentants ici? Vous ont-ils donné leur
mandat?

Le Maire: Nous l'avons.

L'Inspecteur: Vous leur avez bien dit le péril qui les menaçait
par la faute d'Isabelle? Vous leur avez demandé ce qu'ils
pensaient de voir à la suite de ce spectre, et comme il l'a
annoncé lui-même hier au soir, tous leurs défunts de tous
les âges revenir, vivre avec eux, et ne plus les quitter?

Le Maire: A la bourgeoisie seulement, y compris les fonctionnaires.

L'Inspecteur: Evidemment. La réponse de l'alimentation et du
bâtiment était connue d'avance. Qu'a dit le président du
Tribunal?

Le Maire: Qu'il détestait déjà la radio.

L'Inspecteur: Le notaire?

Le Maire: Qu'il connaissait déjà pas mal de morts pour les avoir
connus vivants. Qu'ils n'étaient pas tous si recomman-
dables.

L'Inspecteur: Le commandant des pompiers?

Le Maire: Qu'on commençait juste à être un peu chez soi,
depuis la guerre ...

L'Inspecteur: L'archiviste municipal?

Le Maire: Il craint pour la vérité qu'il a si péniblement
arrachée à ses archives. Les morts vont tout lui brouiller
par leur mauvaise mémoire ou leurs mensonges.

L'Inspecteur: Bref, l'unanimité contre eux. Il n'est plus que
votre avis qui me soit ignoré, monsieur le Maire?

[9] **auprès**   regarding

LE MAIRE: Monsieur l'Inspecteur, ma seule passion est de collectionner les faïences provençales à sujets licencieux et les timbres-poste non dentelés des Antilles. Je consacre mes veillées à cette tâche, et je ne me vois pas très bien classant mes Vénus en terre écaillée [10] ou préparant ma colle sous les regards conjugués de mes ascendants jusqu'à Eve. Des Mérovingiens,[11] par exemple, n'est-ce pas, Daisy? J'aurais l'air complètement imbécile.

L'INSPECTEUR: Trop juste. Il faut des vivants pour apprécier la gravité des occupations des vivants ...

LE MAIRE: Naturellement, dans les Antilles, je comprends les îles Bahamas ...

VIOLA: Voici les maisons, monsieur l'Inspecteur!

L'INSPECTEUR: Les maisons ne marchent pas, idiote.

VIOLA: C'est ce que je croyais ... Mais ... C'est ce que je croyais ... Mais ...

L'INSPECTEUR: Daisy, remplace Viola; et en cercle au centre de la pièce, mes petites! Vous savez que vous avez à redire après moi le dernier mot de chaque phrase importante.

LES FILLETTES: Importante!

L'INSPECTEUR: Pas encore ... Je commence. (*Il se place au milieu des fillettes et lit son invocation.*) Oui, c'est moi, Superstition. Qui, moi? Moi l'Humanité.

LES FILLETTES: L'humanité.

L'INSPECTEUR: Ce que c'est que l'humanité? Je suis ici justement pour vous le dire et par cette seule révélation vous barrer la route, à vous et aux vôtres ... L'humanité est ... est une entreprise surhumaine.

LES FILLETTES: Surhumaine!

---

[10] **classant mes Vénus en terre écaillée** *A reference to the "licentious" Provençal earthenware mentioned above.*

[11] **Mérovingiens** *The name given to the first dynasty of French kings.*

L'Inspecteur: Qui a pour objet d'isoler l'homme de cette tourbe
        qu'est le Cosmos ...

Les Fillettes: Le Cosmos!

L'Inspecteur: Grâce à deux forces invincibles, qu'on nomme
5   l'Administration et l'Instruction obligatoire.[12]

Les Fillettes: Obligatoire.

L'Inspecteur: L'Administration isole son corps en le dégageant
        de tous les lieux trop chargés en vertus primitives ... Il
        faut la voir, aidée des conseils municipaux et du génie
10   militaire ...

Les Fillettes: Du génie militaire ...

L'Inspecteur: Lotissant les parcs, démolissant les cloîtres, éri-
        geant des édicules d'ardoise et de faïence au pied de
        chaque cathédrale ou de chaque monument historique,
15   faisant des égouts les vraies artères de la civilisation, com-
        battant l'ombre sous toutes ses formes et surtout sous
        celle des arbres. Qui ne l'a pas vue abattant les allées de
        platanes centenaires sur les accotements des routes na-
        tionales n'a rien vu!

20 Les Fillettes: N'a rien vu!

L'Inspecteur, *toujours récitant:* Et l'Instruction obligatoire isole
        son âme, et chaque fois que l'Humanité se délivre d'une
        de ses peaux spirituelles, elle lui accorde, en prime, une
        découverte absolument correspondante. L'Humanité a
25   cessé au xviiie siècle de croire aux feux et aux soufres de
        l'Enfer, et dans les dix ans, elle a découvert la vapeur et
        le gaz ...

Les Fillettes: Le gaz.

L'Inspecteur: Elle a cessé de croire aux esprits, et elle a inventé
30   la décade suivante, l'électricité ...

Les Fillettes: Cité!

[12] **l'Instruction obligatoire** compulsory education

L'Inspecteur: A la parole divine, et elle a inventé le télé ...

Les Fillettes: ... phone!

L'Inspecteur: Qu'elle cesse de croire au principe divin même, et à l'Instruction obligatoire succédera tout naturellement la Clarté obligatoire, qui nettoiera la terre du rêve et de 5 l'inconscient, rendra les mers transparentes jusqu'au fond des Kouriles,[13] la parole des filles enfin sensée, et la nuit, monsieur le Spectre, semblable au soleil.

L'Inspecteur et Les Fillettes: Au soleil!

Daisy: Le voici, monsieur l'Inspecteur. 10

L'Inspecteur: Voici qui?

Daisy: Le Spectre!

L'Inspecteur: Que dit-elle? Qu'appelles-tu spectre, petite idiote!

Daisy: Il vient par ici.[14]

L'Inspecteur: Il va trouver à qui parler:[15] c'est quelque complice 15 d'Isabelle qui me prend pour un imbécile!

Les Fillettes, en chœur, très sérieuses: Un imbécile!

> L'Inspecteur sort précipi-
> tamment.

Le Maire: Venez, mes enfants, venez! 20

Daisy: C'est une farce, monsieur le Maire. C'est Mlle Isabelle et le Droguiste qui sont entrés par le portail ...

Le Maire: Raison de plus![16]

> Tous disparaissent par la
> porte qui donne sur la 25
> place.

---

[13] Kouriles *The Kuril Islands, now belonging to the Soviet Union, are situated in the Pacific Ocean, just north of Japan.*

[14] Il vient par ici. He's coming this way.

[15] Il va trouver à qui parler He'll find his match here (*lit.,* He'll find someone to talk to)

[16] Raison de plus! All the more reason!

Scène 2

Isabelle. Le Droguiste.

ISABELLE: Merci, cher Droguiste, grâce à vous j'arrive à temps.
Mais était-il bien nécessaire d'arriver à temps? Croyez-
vous vraiment qu'il revienne?

5 LE DROGUISTE: Il viendra ... j'en suis sûr ...

ISABELLE: Vous restez avec moi, n'est-ce pas?

LE DROGUISTE: Vous ne voulez pas le recevoir seule?

ISABELLE: Désire-t-il être reçu seul? Depuis hier, il a jugé bon de
se rendre visible à d'autres. Il n'est plus le spectre
10 d'Isabelle, mais celui de la ville. Vous avez aperçu toutes
les vieilles aux fenêtres. Les demoiselles Mangebois
tiennent conseil en permanence sur le parvis.[17] Les
bouches n'ont aujourd'hui qu'un sujet de conversation :
notre secret. Les yeux ne se préparent qu'à voir un seul
15 spectacle : le spectre. Notre liaison n'avait de sens que
par son intimité. Pourquoi riviendrait-il?

LE DROGUISTE: Parce qu'il a besoin de vous.

ISABELLE: Pour demeurer sur cette terre?

LE DROGUISTE: Non, pour en disparaître.

20 ISABELLE: Vous êtes obscur.

LE DROGUISTE: Chère Isabelle, il n'y a pas deux espèces de
damnations et pas deux espèces de spectres. Il y a
seulement ceux qui, privés de la vie, ne trouvent pas

---

[17] **Les demoiselles . . . sur le parvis.** The Mangebois Sisters are holding
permanent council in front of the church.

le moyen de rejoindre les morts. De plus en plus, je
crois que votre ami est de ceux-là.

ISABELLE: Il n'a pourtant rien de commun, de vulgaire. Vous-
même le croyiez un poète.

LE DROGUISTE: Peut-être pour cela. Cette survivance qu'est la   5
mort n'est pas ouverte d'office[18] à ceux qui parlent
bien ou pensent fort. Les gens croient que le talent,
le génie, donnent droit à la mort. C'est bien plutôt le
contraire. Ils sont une exaspération de la vie. Ils consu-
ment chez ceux qui les portent toute immortalité. Les   10
poètes sont ceux qui se dévouent pour mourir tout
entiers, pour sauvegarder l'existence future de la silencieuse sœur du poète, de l'humble servante du poète.
Rappelez-vous celui qui est venu l'autre mois de Paris
nous parler de son œuvre : quelle éloquence! Il rimait   15
même dans sa prose sans le vouloir, comme un cheval
qui forge; mais tout cela était périssable. Excepté un
court moment où, pendant son discours même, il a
été soudain distrait, il se souriait à soi-même. Il pensait
sans doute à sa collection de cannes, à sa chatte buvant   20
du lait trop chaud ... C'était sa seule chance de rejoindre
un jour les morts.

ISABELLE: Mais en quoi pourrais-je le guider, moi, une jeune
fille?

LE DROGUISTE: Connaissez-vous une aventure de spectre sans   25
jeune fille? C'est justement qu'il n'est pas d'autre âge[19]
qui mène naturellement à la mort. Seules, les jeunes
filles pensent à elle sans l'amoindrir ou sans l'amplifier.
Seules, elles l'approchent, non en pensée et en théorie,
mais physiquement, mais par leur robe ou par leur chair.   30
Il y a des pas de vous qui mènent à la mort et que vous
entremêlez dans vos danses mêmes. Il y a dans vos

---

[18] **d'office**   automatically
[19] **C'est justement qu'il n'est pas d'autre âge**   The fact is that there is no
other age

conversations les plus gaies des phrases du vocabulaire
infernal. Un jour, en sa présence, le hasard vous fera
dire le mot qui ouvrira pour lui la porte du souterrain,
à moins que vous ne l'y ameniez par un de ces élans ou
de ces abandons du genre de ceux qui conduisent les
vivants à la passion ou à l'enthousiasme? Croyez-moi,
il n'est plus loin ... Adieu.

ISABELLE: Restez, je vous en supplie. Il n'est pas pour moi de
visite que votre présence ne rende plus précieuse.

LE DROGUISTE: Si vous voulez. Quelle heure est-il?

ISABELLE: Il est l'heure.

> *Tous deux vont à la fenê-*
> *tre. L'horloge sonne. On*
> *frappe à la porte un coup.*
> *Ils ne bougent pas. Un*
> *second. Le Droguiste seul*
> *se retourne.*

LE DROGUISTE: Oh! c'est le Contrôleur! Je vous laisse, Isabelle.

ISABELLE: Le Contrôleur? ... C'est cela, cher Droguiste, à tout
à l'heure!

Scène 3

Isabelle. Le Contrôleur.

La porte s'ouvre douce-
ment et donne passage au
Contrôleur. Il est en ja-
quette. Il tient dans ses   5
mains, qui sont gantées
beurre frais,[20] son melon
et une canne à pomme
d'or.[21]

Isabelle s'est tournée vers   10
lui.

LE CONTROLEUR: Pas un mot, mademoiselle! Je vous en supplie,
pas un mot! Pour le moment, je ne vous vois pas, je ne
vous entends pas. Je ne pourrais supporter à la fois ces
deux voluptés, *primo* : être dans la chambre de Mlle   15
Isabelle; *secundo* : y trouver Mlle Isabelle elle-même.
Laissez-moi les goûter l'une après l'autre.

ISABELLE: Cher monsieur le Contrôleur ...

LE CONTROLEUR: Vous n'êtes pas dans votre chambre, et moi
j'y suis. J'y suis seul avec ces meubles et ces objets qui   20
déjà m'ont fait tant de signes par la fenêtre ouverte, ce
secrétaire qui reprend ici son nom, qui représente pour
moi l'essence du secret — le pied droit est refait mais
le coffre est bien intact —, cette gravure de Rousseau [22]

[20] **beurre frais**   pale yellow
[21] **une canne à pomme d'or**   a gold-topped walking stick
[22] **Jean-Jacques Rousseau** *(1712–1778) Famous French philosopher and*
author, a citizen of Geneva, Switzerland (whose inhabitants are often
called the **Helvètes**). *Rousseau allegedly placed his five children in an*
orphanage (**L'Assistance publique**). *He died in* **Ermenonville**, *a small*
town not far from Paris.

à Ermenonville — tu as mis tes enfants à l'Assistance publique, décevant Helvète, mais à moi tu souris — et ce porte-liqueurs où l'eau de coing impatiente attend l'heure du dimanche [23] qui la portera à ses lèvres ... Du
5 vrai baccarat ...[24] Du vrai coing ... Car tout est vrai, chez elle, et sans mélange.

ISABELLE: Monsieur le Contrôleur, je ne sais vraiment que penser!

LE CONTROLEUR: Car tout est vrai, chez Isabelle. Si les mauvais
10 esprits la trouvent compliquée, c'est justement qu'elle est sincère ... Il n'y a de simple que l'hypocrisie et la routine. Si elle voit les fantômes, c'est qu'elle est la seule aussi à voir les vivants. C'est qu'elle est dans le département la seule pure. C'est notre Parsifal.[25]

15 ISABELLE: Puis-je vous dire que j'attends quelqu'un, monsieur le Contrôleur?

LE CONTROLEUR: Voilà j'ai fini. Je voulais me payer [26] une fois dans ma vie le luxe de me dire ce que je pensais d'Isabelle, de me le dire tout haut! On ne se parle plus assez
20 tout haut. On a peur sans doute de savoir ce qu'on en pense. Eh bien, maintenant, je le sais.

ISABELLE: Moi aussi, et j'en suis touchée.

LE CONTROLEUR: Ah! vous voici, mademoiselle Isabelle?

ISABELLE: Soyons sérieux! Me voici.

25 LE CONTROLEUR: Tant pis, mademoiselle, tant pis! Il faut donc vous parler ...

ISABELLE: Me parler de qui?

LE CONTROLEUR: De moi. De moi, simplement.

[23] **l'heure du dimanche** *The moment after the meal when the brandy is taken.*
[24] **baccarat** *A famous French crystal.*
[25] **Parsifal** *i.e., young innocent.*
[26] **payer** to allow

ISABELLE: Vous vous êtes fait très beau pour parler de vous, monsieur le Contrôleur.

LE CONTROLEUR: Ne raillez pas mon costume. Lui seul en ce moment me soutient. Ou plutôt l'idée de celui, de ceux que devrait habiller ce costume. Oui, au fait, ceux qui devraient être là sont justement ceux à qui appartiennent ces vêtements, mon grand-père dont voilà la canne, mon grand-oncle dont vous voyez la chaîne de montre, et mon père, qui jugea cette jaquette encore trop neuve pour l'emporter dans la tombe. Seul ce melon est à moi. Aussi il me gêne, surtout moralement. Permettez-moi de le déposer.

ISABELLE: Votre père? Votre grand-père? Que viennent-ils me demander?

LE CONTROLEUR: Vous ne le devinez pas ... Votre main, mademoiselle Isabelle, ils ont l'honneur de vous demander votre main.

ISABELLE: Ma main?

LE CONTROLEUR: Ne me répondez pas, mademoiselle. Je demande votre main et non une réponse. Je vous demande de m'accorder, en ne me répondant qu'après-demain, le jour le plus heureux de ma vie, les vingt-quatre heures pendant lesquelles je me dirai qu'enfin vous savez tout, que vous n'avez pas encore dit non, que vous êtes émue, malgré tout, de savoir que quelqu'un ici-bas ne vit que par vous ... Quelqu'un qui s'appelle Robert, car mon père vous eût dit mon prénom. Ce prénom-là du moins, j'en ai deux autres moins avouables. Quelqu'un qui est courageux, travailleur, honnête, modeste, car mon grand-père ne vous eût fait grâce d'aucune de mes vertus ... Ou ne me répondez jamais, et laissez-moi fuir en me bouchant les oreilles.

ISABELLE: Non, non, restez, monsieur Robert ... Mais je suis si surprise, et vous venez à un tel moment!

LE CONTROLEUR: J'ai choisi ce moment. Je l'ai choisi parce que

je n'en suis pas indigne, parce qu'il m'est venu tout à
coup à l'esprit que, plus heureux que ce spectre qui
ne va vous apporter encore que confusion et angoisse,
je pouvais le combattre devant vous, lui montrer son
impuissance à vous aider, et vous offrir ensuite la seule
route, le seul acheminement normal vers la mort et
vers les morts ...

ISABELLE: Voyons! Y en a-t-il d'autres que d'aller vers eux?

LE CONTROLEUR: Celui-là va à eux lentement, doucement, mais
sûrement. Il nous y porte ...

ISABELLE: Et quel est-il?

LE CONTROLEUR: La vie.

ISABELLE: La vie avec vous?

LE CONTROLEUR: Avec moi? Ne parlons pas de moi, mademoiselle ... Je suis bien peu en cause.[27] Non ... la vie avec
un fonctionnaire. Car c'est mon métier, dans cette affaire,
qui importe ... Vous ne me comprenez pas?

ISABELLE: Si fait,[28] je vous comprends! Vous voulez dire que
seul le fonctionnaire peut regarder la mort en face, en
camarade; qu'il n'est pas comme le banquier, le négociant, le philosophe; qu'il n'a rien fait pour se dérober
à elle ou pour la masquer?

LE CONTROLEUR: Voilà!

ISABELLE: La contradiction entre la vie et la mort, c'est l'agitation humaine qui la crée. Or, le fonctionnaire a travaillé,
mais justement sans agitation ...

LE CONTROLEUR: Oui, sans excès trop grave.

ISABELLE: Il a vécu, mais sans exploitation forcenée de sa
personnalité ...

LE CONTROLEUR: Trop forcenée, non.

---

[27] **Je suis bien peu en cause.** I have very little to do with it.
[28] **Si fait** Of course

ISABELLE: Et il a dédaigné les richesses, parce que son traitement lui arrive sans attente, sans effort spécial, comme
si des arbres lui donnaient en fruits mensuels des pièces
d'or.

LE CONTROLEUR: C'est cela même,[29] en fruits mensuels sinon en 5
pièces d'or. Et s'il n'a pas eu le luxe, il s'est épuré à
tout ce que son métier comporte d'imagination.

ISABELLE: D'imagination? Figurez-vous que sur ce point j'avais
des doutes. Sur ce point la vie avec un fonctionnaire
m'effrayait un peu. Le métier de Contrôleur des Poids 10
et Mesures comporte beaucoup d'imagination?

LE CONTROLEUR: En pouvez-vous douter?

ISABELLE: Donnez-moi un exemple.

LE CONTROLEUR: Mille, si vous voulez. Chaque soir, quand le
soleil se couche [30] et que je reviens de ma tournée, il 15
me suffit d'habiller le paysage avec le vocabulaire des
contrôleurs du Moyen Age, de compter soudain les routes
en lieues, les arbres en pieds, les prés en arpents,
jusqu'aux vers luisants en pouces, pour que les fumées
et les brouillards montant des tours et des maisons 20
fassent de notre ville une de ces bourgades que l'on
pillait sous les guerres de Religion, et que je me sente
l'âme d'un reître ou d'un lansquenet.[31]

ISABELLE: Oh! je comprends!

LE CONTROLEUR: Et le ciel même, mademoiselle. La voûte 25
céleste elle-même ...

ISABELLE: Laissez-moi achever: il suffit que vous leur appliquiez,
à ce ciel, à cette voûte, la nomenclature grecque ou
moderne, que vous estimiez en drachmes ou en tonnes
le poids des astres, en stades ou en mètres leur course, 30

---

[29] **C'est cela même** That's it exactly
[30] **quand le soleil se couche** when the sun goes down
[31] **reître, lansquenet** A German foot soldier in foreign service.

pour qu'ils deviennent à votre volonté le firmament de
Périclès ou celui de Pasteur! [32]

Le Controleur: Et c'est ainsi que le lyrisme de la vie de fonctionnaire n'a d'égal que son imprévu!

5 Isabelle: Pour l'imprévu je vous assure que je ne vois pas
très bien. Et c'est fâcheux, car c'est ce que j'adore par-
dessus tout. Votre vie comporte un imprévu?

Le Controleur: Un imprévu de qualité rare, discrète, mais
émouvante. Songez, mademoiselle Isabelle, que nous
10 changeons tous les trois ans à peu près de résidence ...

Isabelle: Justement, c'est long, trois ans.

Le Controleur: Mais voici où intervient l'imprévu : dès le
début de ces trois ans, l'administration prévoyante nous
a donné les noms des deux villes entre lesquelles elle
15 choisira notre prochain poste ...

Isabelle: Vous savez déjà dans quelle ville vous irez en nous
quittant?

Le Controleur: Je sais et je ne sais pas. Je sais seulement que
ce sera Gap ou Bressuire.[33] L'une d'elles, hélas! m'échap-
20 pera, mais j'aurai l'autre! Saisissez-vous la délicatesse et
la volupté de cette incertitude?

Isabelle: Oh! certes! Je saisis que pendant trois ans, et au-
dessus même de nos bruyères et de nos châtaigneraies,
votre pensée va vous balancer sans arrêt entre Gap ...

25 Le Controleur: C'est-à-dire les sapins, la neige, la promenade
après le bureau au milieu des ouvrières qui ont passé
leur journée à monter en broche l'étoile des Alpes ...[34]

Isabelle: Et Bressuire ...

[32] **Périclès** *(c. 499–429 B.C.) Noted Athenian statesman.* **Louis Pasteur**
(1822–1895) The famous French chemist and biologist.
[33] **Gap** *Town of 17,300 inhabitants situated in the southeastern part of
France. Bressuire, with a population of 6,200, is found in the west-
central part.*
[34] **l'étoile des Alpes** Edelweiss

LE CONTROLEUR: C'est-à-dire les herbages, c'est-à-dire — vous
     pensez si je sais déjà par cœur le Joanne![35] — la belle
     foire du 27 août, et quand septembre rougit jusqu'aux
     roseaux des anguillères dans l'eau du marais vendéen, le
     départ en victoria pour les courses au trot à l'angle des   5
     rues Duguesclin et Général-Picquart.[36] Est-ce du prévu,
     tout cela? Entre votre méthode et la mienne, entre Gap,
     Bressuire et la mort immédiate, avouez, il n'y a pas à
     hésiter!

ISABELLE: J'ignorais tout cela. C'est merveilleux! Et à Gap,   10
     vous aurez ainsi trois ans à attendre entre deux autres
     villes?

LE CONTROLEUR: Oui, entre Vitry-le-François et Domfront ...[37]

ISABELLE: Entre la plaine et la colline ...

LE CONTROLEUR: Entre le champagne nature et le cidre bou-   15
     ché ...

ISABELLE: Entre la cathédrale Louis XIV et le donjon ...[38]

LE CONTROLEUR: Et ainsi de suite, par une série de balancements
     et de merveilleux carrefours où seront inclus, au hasard
     des contrées, la chasse aux coqs de bruyère ou la pêche   20
     à la mostelle,[39] le jeu de boules [40] ou les vendanges, les

[35] le Joanne *Reference to the* Guides *and the* Dictionnaire géographique
et administratif de la France *written by Adolphe Joanne (1813–1881),*
French geographer.

[36] *The* rues Duguesclin et Général Picquart *do indeed exist in Bressuire,*
but they are at separate ends of the town.

[37] Vitry-le-François *(11,100 inhabitants) is in northeastern France.* Domfront
(3,950 inhabitants) is found in northwestern France.

[38] *The major church in Vitry-le-François is the* Eglise Notre-Dame, *con-*
structed in the 17th century. The donjon *is in an 11th century fortress*
at Domfront.

[39] la mostelle *Possibly a reference to the Latin words,* mostellum *or*
Mostellaria, *the name of a comedy by the Roman poet Plautus, meaning*
The Ghost.

[40] le jeu de boules *Bowling on the green (particularly played in the*
southern part of France).

matches de ballon ou la représentation aux Arènes de
L'Aventurière[41] avec la Comédie-Française, j'arriverai un
beau jour au sommet de la pyramide.

ISABELLE: A Paris? ...

5 LE CONTROLEUR: C'est vous qui l'avez dit.

ISABELLE: A Paris!

LE CONTROLEUR: Car c'est là, par une contradiction inexplicable, le comble de l'imprévu des carrières de fonctionnaires. C'est qu'elles se terminent toutes à Paris. Et à
10 Paris, mademoiselle, l'engourdissement n'est pas non plus
à redouter, car selon que l'on m'affectera au premier
ou au second district, j'aurai à osciller entre Belleville,[42]
sa prairie Saint-Gervais, son lac Saint-Fargeau, ou
Vaugirard,[43] avec ses puits artésiens.

15 ISABELLE: Quel beau voyage que votre vie! On en voit le sillage
jusque dans vos yeux.

LE CONTROLEUR: Dans mes yeux? Je n'en suis pas fâché. On
parle toujours des yeux des officiers de marine, mademoiselle Isabelle. C'est que les contribuables, en versant leurs
20 impôts, ne regardent pas le regard du percepteur. C'est
que les automobilistes, en déclarant leur gibier, ne
plongent pas au fond des prunelles des douaniers. C'est
que les plaideurs ne s'avisent jamais de prendre dans
leurs mains la tête du président de la cour et de la
25 tourner doucement, tendrement vers eux en pleine
lumière. Car ils y verraient le reflet et l'écume d'un
océan plus profond que tous les autres, la sagesse de
la vie.

ISABELLE: C'est vrai. Je la vois dans les vôtres.

30 LE CONTROLEUR: Et que vous inspire-t-elle?

---

[41] **L'Aventurière** *(1848)   A realistic social drama by Emile Augier.*
[42] **Belleville**   *The workers' section of Paris.*
[43] **Vaugirard**   *An elegant section of Paris.*

ISABELLE: De la confiance.

LE CONTROLEUR: Alors, je n'hésite plus!

Il se précipite vers la porte.

ISABELLE: Que faites-vous, monsieur le Contrôleur?

LE CONTROLEUR: Je verrouille cette porte. Je ferme cette fe- 5
nêtre. Je baisse ce tablier de cheminée. Je calfeutre
hermétiquement cette cloche à plongeurs [44] qu'est une
maison humaine. Voilà, chère Isabelle. L'au-delà est
refoulé au-delà de votre chambre. Nous n'avons plus qu'à
attendre patiemment que l'heure fatidique soit passée. 10
Gardez-vous seulement de faire un souhait, d'exprimer
un regret, car notre spectre ne manquerait pas d'y voir
un appel, et se précipiterait!

ISABELLE: Notre pauvre spectre!

La porte verrouillée s'ou- 15
vre. Le Spectre paraît, déjà
plus transparent et plus
pâle.

Scène 4

Le Spectre. Isabelle. Le
Contrôleur. 20

LE SPECTRE: Je puis entrer?

LE CONTROLEUR: Non. Cette porte est même fermée à clef et
au verrou. Il n'y paraît pas. Mais elle l'est.

LE SPECTRE: Je t'apporte la clef de l'énigme, Isabelle! Que
cet homme me laisse seul avec toi. 25

[44] **cloche à plongeurs** vacuum-sealed area (*lit.*, diving bell)

LE CONTROLEUR: Je regrette. Impossible.

LE SPECTRE: Je parle à Isabelle.

LE CONTROLEUR: Mais c'est moi qui réponds. Je suis de garde auprès d'elle.

5 LE SPECTRE: Vous la gardez de quoi?

LE CONTROLEUR: Je ne le sais pas encore très bien moi-même. Je dois donc être d'autant plus sur l'œil.[45]

LE SPECTRE: N'ayez aucune crainte. Je suis inoffensif.

LE CONTROLEUR: Celle qui vous envoie l'est peut-être moins.

10 LE SPECTRE: De qui voulez-vous parler? De la mort?

LE CONTROLEUR: Vous voyez! ... Si elle se fait appeler ainsi dans son propre domaine, c'est qu'il n'y a décidément pas d'autre nom pour elle.

LE SPECTRE: Et vous croyez que votre présence suffirait à
15 l'écarter.

LE CONTROLEUR: La preuve, c'est qu'elle n'est pas là.

LE SPECTRE: Qu'en savez-vous? Elle y est peut-être. Vous seul peut-être ne l'apercevez pas. Regardez le visage d'Isabelle : elle voit sûrement quelque chose d'étrange en ce moment.

20 LE CONTROLEUR: Peu importe. Il rôde toujours autour d'une femme des figures et des personnes cachées à son mari et à son fiancé. Mais si mari ou fiancé est là, rien à craindre.

LE SPECTRE: Tu m'as caché ton mariage, Isabelle? Un cadeau de noces de tous les morts réunis ne te tentait pas? Alors
25 j'ai devant moi le fiancé d'Isabelle.

LE CONTROLEUR: Fiancé est trop dire. J'ai demandé sa main et elle n'a pas encore dit non. Je ne sais au juste comment on appelle ce lien.

LE SPECTRE: On l'appelle fragile.

---

[45] **Je dois donc être d'autant plus sur l'œil.** You see, I have to be all the more careful.

Le Controleur: C'est le seul en tout cas qui attache Isabelle
    à la terre. Aussi rien ne me délogera d'ici tant que vous
    y serez.

Le Spectre: Et vous croyez que je ne saurai pas revenir en
    votre absence cette nuit ou demain.   5

Le Controleur: Je suis à peu près sûr que non. Si les forces
    invisibles qui nous assiègent prenaient sur soi d'attendre
    et de persévérer un quart d'heure de suite,[46] depuis
    longtemps il ne resterait plus rien des hommes. Mais rien
    d'impatient comme l'éternité. Vous êtes revenu par l'effet 10
    d'un vieux reste de l'énergie ou de l'entêtement humain.
    Mais vous en avez pour quelques heures.[47] Croyez-
    moi, retirez-vous! Si vous ne pouvez passer que par des
    portes fermées, je peux refermer celle-là.

Le Spectre: C'est ta volonté, Isabelle?   15

Isabelle: Cher monsieur le Contrôleur, je vous en supplie.
    J'apprécie votre dévouement, votre amitié. Demain je
    vous écouterai. Mais laissez-moi cette minute, cette
    dernière minute.

Le Controleur: Demain, vous me mépriseriez si je désertais 20
    ma consigne.

Isabelle: Ne voyez-vous donc pas que ce visiteur m'apporte
    ce que j'ai passé mon enfance à désirer, le mot d'un
    secret!

Le Controleur: Je ne suis pas pour connaître les secrets.[48] Un 25
    secret inexpliqué tient souvent en vous une place plus
    noble et plus aérée que son explication. C'est l'ampoule
    d'air chez les poissons. Nous nous dirigeons avec sûreté
    dans la vie en vertu de nos ignorances et non de nos
    révélations. Le mot de quel secret?   30

---

[46] **de suite**   without stopping
[47] **Mais vous en avez pour quelques heures.**   You have enough strength
    left for a few hours.
[48] **Je ne suis pas pour connaître les secrets.**   I'm not in favor of learning
    secrets.

ISABELLE: Vous le savez. De la mort!

LE CONTROLEUR: La mort de qui, de quoi? Des volcans, des
insectes?

ISABELLE: Des hommes.

5 LE CONTROLEUR: C'est très petit comme question. Vous vous
plaisez à ces détails? Où voyez-vous, d'ailleurs, un secret
là-dedans? Nous savons tous, dans les Poids et Mesures,
ce que c'est que la mort, c'est un repos définitif. Se
torturer à propos d'un repos définitif, c'est plutôt une
10 inconséquence. Et qui vous dit que les morts aient ce
secret? S'ils savent ce qu'est la mort aussi bien que les
vivants ce qu'est la vie, je les félicite, ils sont bien
renseignés ... Je reste.

ISABELLE: Alors, que notre visiteur le dise devant vous! Il y
15 consentira peut-être!

LE SPECTRE: Jamais. Je connais trop cette variété d'homme.
Devant elle le secret le plus dense s'évapore et s'évente.

ISABELLE: Il peut se boucher les oreilles.

LE CONTROLEUR: Je regrette. Je ne peux justement pas. Mes
20 doigts, même joints, ne sont pas suffisamment étanches.
Si mes oreilles se fermaient par une membrane naturelle,
comme mes yeux, oui. Mais ce n'est pas le cas ...

LE SPECTRE: Tel est l'être en ciment armé, avec lequel le destin
est obligé de faire des ombres!

25 LE CONTROLEUR: Rassurez-vous. Si j'ai une certitude, c'est au
contraire celle de faire, quand mon tour sera venu, une
ombre parfaite de contrôleur ...

LE SPECTRE: Vraiment?

LE CONTROLEUR: Et d'être, comme dans mes changements de
30 poste, indispensable au bout de quelques jours à mes
nouveaux collègues.

LE SPECTRE: On peut savoir pourquoi?

LE CONTROLEUR: Parce que j'aurai été consciencieux. Parce que
les morts exigent seulement de nous de n'être rejoints
qu'après une vie consciencieuse. C'est de cela qu'ils nous
demandent compte. — Comment,[49] disent-ils, tu as eu
une guerre magnifique, et tu n'en as pas épuisé les tour- 5
ments et les joies, tu as eu une Exposition coloniale, et
tu as négligé de visiter Angkor,[50] et de t'asseoir sur le
bassin d'eau de la Guadeloupe? ...[51] Moi, je ne craindrai
aucun reproche. Que de détours j'aurai fait sur ma route,
pour aller, en hommage aux spectateurs invisibles, cares- 10
ser un chat sur sa fenêtre, ou soulever le masque d'un
enfant au carnaval. Et ici même, j'aurai vu Isabelle
chaque jour des trois années passées dans le bourg d'Isabelle. J'aurai une fois, à minuit, effacé à la gomme et
gratté au canif de malhonnêtes graffiti tracés sur la pierre 15
de sa porte; j'aurai, un matin, à l'aube, remis d'aplomb
le couvercle de son pot au lait, et un après-midi, poussé
au fond de la boîte de la poste une lettre qu'elle y avait
mal engagée; j'aurai dans la plus minime mesure adouci
autour d'elle la malignité du destin ... J'aurai droit 20
à la mort!

ISABELLE: Cher monsieur Robert!

LE SPECTRE: Tu dis, Isabelle?

ISABELLE: Je ne dis rien.

LE SPECTRE: Pourquoi viens-tu de dire : cher monsieur Robert? 25

ISABELLE: Parce que je suis touchée par le dévouement de M. le
Contrôleur. J'ai tort peut-être?

LE SPECTRE: Tu as raison, et je te remercie. J'allais commettre
la plus grande des sottises. J'allais trahir pour une jeune
fille. Par bonheur, elle a trahi avant moi! 30

ISABELLE: Qu'ai-je trahi?

---

[49] **Comment**   How did it happen
[50] **Angkor**   *Site in northwest Cambodia with the imposing ruins of Khmer art.*
[51] **Guadeloupe**   *Overseas* **département** *of France in the West Indies.*

LE SPECTRE: Et toutes, elles seront toujours ainsi! Et c'est là toute l'aventure des jeunes filles.

LE CONTROLEUR: Pourquoi mêler les jeunes filles à cette histoire?

LE SPECTRE: Assises dans les prairies, leur ombrelle ouverte, mais à côté d'elles, accoudées aux barrières des passages à niveau et souhaitant la bienvenue au voyageur par un geste d'adieu, ou sous leur lampe derrière la fenêtre, avec une ombre pour la rue et une pour la chambre, égales aux fleurs en été, égales en hiver à la pensée qu'on a des fleurs, elles se disposent [52] si habilement parmi la foule des hommes, la généreuse dans la famille des avares, l'indomptable parmi des parents aveulis, que les divinités du monde les prennent, non pour l'humanité dans son enfance, mais pour la suprême floraison, pour l'aboutissement de cette race dont les vrais produits sont les vieillards. Mais soudain ...

LE CONTROLEUR: C'est très simpliste.

LE SPECTRE: Mais soudain l'homme arrive. Alors toutes elles le contemplent. Il a retrouvé des recettes pour rehausser à leurs yeux sa dignité sur la terre. Il se tient debout sur les pattes de derrière, pour recevoir moins de pluie et accrocher des médailles sur sa poitrine. Elles frémissent devant lui d'une hypocrite admiration et d'une crainte que ne leur inspire même pas le tigre, dans l'ignorance où elles sont qu'à ce bipède seul, entre tous les carnivores, les dents s'effritent. Alors, c'en est fait. Toutes les parois de la réalité dans lesquelles transparaissaient, pour elles, mille filigranes et mille blasons deviennent opaques, et c'est fini.[53]

LE CONTROLEUR: C'est fini? Si vous faites allusion au mariage, vous voulez dire que tout commence?

---

[52] **se disposent**   mix
[53] **Toutes les parois . . . fini.**   All the facets of reality in which she was able to perceive a thousand and one things unknown to ordinary mortals —all that is now finished and has become opaque.

Le Spectre: Et le plaisir des nuits, et l'habitude du plaisir commence. Et la gourmandise commence. Et la jalousie.

Le Controleur: Chère Isabelle!

Le Spectre: Et la vengeance. Et l'indifférence commence. Sur la gorge des hommes, le seul collier perd son orient.[54] Tout est fini.

Isabelle: Pourquoi cette cruauté? Sauvez-moi du bonheur, si vous le jugez si méprisable!

Le Spectre: Adieu, Isabelle. Ton contrôleur a raison. Ce qu'aiment les hommes, ce que tu aimes, ce n'est pas connaître, ce n'est pas savoir, c'est osciller entre deux vérités ou deux mensonges, entre Gap et Bressuire. Je te laisse sur l'escarpolette où la main de ton fiancé te balancera pour le plaisir de ses yeux entre tes deux idées de la mort, entre l'enfer d'ombres muettes et l'enfer bruissant, entre la poix et le néant. Je ne te dirai plus rien. Et même pas le nom de la fleur charmante et commune qui pique notre gazon, dont le parfum m'a reçu aux portes de la mort et dont je soufflerai le nom dans quinze ans aux oreilles de tes filles. Prends-la dans tes bras, Contrôleur! Prends-la dans ce piège à loups que sont tes bras, et que plus jamais elle n'en échappe.

Isabelle: Si, une fois encore!

Elle se précipite vers le Spectre qui l'étreint et disparaît. Elle pâlit et défaille.

Le Controleur, *appelant à l'aide*: Droguiste! Droguiste!

---

[54] **le seul collier perd son orient**   the solitary necklace loses its luster

$\mathcal{S}$cène 5

Isabelle, évanouie. L'In-
specteur. Le Contrôleur.

LE CONTROLEUR: Nous arrivons à temps. Elle respire!

L'INSPECTEUR: La tête est tiède, les mains froides, les jambes
glacées. Notre visiteur d'outre-tombe a eu la maladresse
de l'entraîner d'abord par les pieds. C'est une chance.

ISABELLE: Où suis-je?

LE CONTROLEUR: Dans mes bras ... Ah! Inspecteur, elle retombe
à nouveau ...[55]

L'INSPECTEUR: C'est que votre réponse est insuffisante, jeune
homme. Le pays d'où revient Isabelle n'est pas l'évanouissement, mais la désincarnation peut-être, l'oubli suprême.
Ce qu'elle réclame, ce sont des vérités universelles, et non
des détails d'ordre particulier!

ISABELLE: Où suis-je?

L'INSPECTEUR: Vous voyez! Vous êtes sur la planète Terre, mon
enfant, satellite du Soleil. Et si vous vous sentez tourner,
comme votre regard l'indique, c'est vous qui avez raison,
et nous tort, car elle tourne ...

ISABELLE: Qui suis-je?

LE CONTROLEUR: Vous êtes Isabelle!

L'INSPECTEUR: Vous êtes un être humain femelle, mademoiselle,
une des deux formes du développement de l'embryon
humain. Et fort réussie ...

[55] **elle retombe à nouveau** she's fainted again

Isabelle: Quel bruit!

Le Controleur: C'est la fanfare qui répète ...

L'Inspecteur: Ce sont des vibrations d'onde, petite femelle humaine, qui agissent sur des parties différenciées de votre
derme ou de votre endoderme, appelées sens ... Voilà ...   5
Elle rosit.[56] La science est encore le meilleur flacon de sel.
Passez les atomes et les ions sous le nez d'une jeune
institutrice évanouie, et elle renaît aussitôt.

Le Controleur: Mais pas du tout! La voilà morte à nouveau!
Droguiste! Au secours!   10

Scène 6

*Les Mêmes. Le Droguiste,
suivi d'une foule curieuse.*

Le Droguiste: Me voilà, et rassurez-vous : j'apporte le remède.

Monsieur Adrien: On a vu des flammes. C'est un incendie?

Le Droguiste: Vous arrivez à point, monsieur Adrien. Asseyez-   15
vous, à cette table.

Le Pere Tellier: Nous l'emportons à l'air? Elle est asphyxiée?

Le Droguiste: Laissez-la, et asseyez-vous. Voici des cartes. Dès
que je vous l'ordonnerai, jouez la manille.[57] La manille
parlée.   20

Les Fillettes: Elle vit encore, monsieur le Droguiste? Elle vit
encore?

L'Inspecteur: Veuillez sortir, mesdemoiselles.

---

[56] **Elle rosit.**   She's getting her color back.
[57] **la manille**   *A French card game.*

Le Droguiste: Au contraire. Qu'elles entrent! Nous ne serons
jamais trop pour mon expérience. Et qu'elles récitent
leurs leçons à mon signal!

L'Inspecteur: Vous êtes fou, Droguiste! On dirait que vous
5   placez une chorale!

Armande: Elle est carbonisée, paraît-il?

Le Controleur: Evanouie seulement.

Armande: Vous faut-il des sangsues?

Le Droguiste: Pas de sangsues, mesdemoiselles Mangebois.
10   Entrez avec votre sœur, et bavardez à mon commandement.

Armande: Bavarder? Nous bavardons?

Leonide: Offre donc nos sangsues. N'oublie pas que la grise [58]
est fiévreuse.

15 Armande: Il les refuse. C'est nous qu'il veut.

Le Droguiste: Parfait! Bon début!

L'Inspecteur: Allez-vous nous expliquer cette conduite, Droguiste?

Le Droguiste: Est-il vraiment nécessaire que je m'explique,
20   Inspecteur? Mlle Isabelle n'est ni une baigneuse noyée, ni
une alpiniste gelée. Elle est tombée, par crise ou par
mégarde dans une anesthésie dont vous devinez comme
moi le principe. Le seul massage, la seule circulation
artificielle que nous puissions pratiquer dans ce cas, c'est
25   de rapprocher d'aussi près que possible de sa conscience
endormie le bruit de sa vie habituelle. Il ne s'agit pas de
la ramener à elle, mais de la ramener à nous. Essayons.
Vous y êtes, tous? [59] Vous avez compris?

L'Inspecteur: Non, Droguiste.

30 Le Maire: En effet, vous n'êtes pas clair.

[58] **la grise** *i.e., Isabelle*
[59] **Vous y êtes, tous?** Do you all get it?

Monsieur Adrien: Tu as compris, toi, Tellier?

Le Pere Tellier: Moi, jamais.

Leonide: Que dit le Droguiste?

Armande: Qu'on va lire le dictionnaire pour y trouver un mot
qui réveille Isabelle.   5

Les Fillettes: Pas du tout! Elle n'a pas compris!

Le Maire: Tu as compris, toi, Luce?

Les Fillettes: Nous avons toutes compris.

Viola: C'est tout simple. Il faut rendre la vie, autour de Mlle
Isabelle, plus forte que la mort.   10

Luce: Monsieur le Droguiste veut condenser autour d'elle tous
les bruits de la petite ville et tous ceux du printemps.

Gilberte: Comme un faisceau de rayons X.

Daisy: Comme une symphonie.

Irene: Et quand ce sera parfait, quand cette musique ...   15

Luce: Quand cette chaleur l'auront à nouveau pénétrée.

Daisy: Un simple mot, un simple bruit l'atteindra au cœur.

Viola: Et le cœur repartira!

Le Droguiste: Bravo, mes enfants! Je pense que vous y êtes
tous, maintenant? Monsieur le Maire, allez donc dehors   20
vous charger des sons, s'il vous plaît.

Le Maire: Le maréchal-ferrant? les battoirs?

Le Droguiste: Ou un piston dans le lointain. Et vous, monsieur l'Inspecteur, prononcez à intervalles espacés quel-
ques-uns de ces termes abstraits si courants dans votre   25
langage.

L'Inspecteur: Je n'emploie en mots abstraits que ceux-là seuls
qu'exigent la Justice et la Vérité.

Le Droguiste: Très bien ... Très bien ...

LE CONTROLEUR: Je vous aime, Isabelle.

L'INSPECTEUR: Et la Démocratie.

LE DROGUISTE: Le « je vous aime » est un peu faible, le « démocratie » un peu fort. Allons-y. Une seconde de silence
d'abord. Un ... deux ... trois ...

> *Les manilleurs se mettent*
> *à jouer vraiment, les*
> *femmes à chuchoter. L'In-*
> *specteur monologue. Au*
> *lieu des bruits factices, le*
> *bruit de la vie même. Une*
> *trompe d'auto. Un passant*
> *qui siffle : ce n'est qu'un*
> *rêve, un joli rêve. La*
> *philharmonique qui ré-*
> *pète, un serin qui chante.*
> *Isabelle peu à peu frémit.*

FUGUE DU CHŒUR
PROVINCIAL.

LE DROGUISTE:	Un, deux, trois!
LES FILLETTES:	La Vienne grossie de la Creuse.[60]
ADRIEN:	Père Tellier, cœur!
LES FILLETTES:	Le Cher grossi de l'Auron.
LE PERE TELLIER:	Qui en est malade en meurt.
LES FILLETTES:	L'Allier grossi de la Sioule.
L'INSPECTEUR:	Laborieuses populations ... mares stagnantes.
LES FILLETTES:	La Vienne grossie de la Creuse.
ARMANDE:	Il y a dégraisseur et il y a tein-turier.

[60] **La Vienne, la Creuse, le Cher, l'Auron, l'Allier, la Sioule** *Rivers in
northern or central France.*

LE CONTROLEUR:	Je vous aime.
LES FILLETTES:	Le Cher grossi ...
MONSIEUR ADRIEN:	La dame de pique.
LES FILLETTES:	... de l'Auron.
LE PERE TELLIER:	Elle est bonne ... 5
LES FILLETTES:	L'Allier grossi ...
LE PERE TELLIER:	... et à poil.
LES FILLETTES:	... de la Sioule.
	La Vienne grossie ...
L'INSPECTEUR:	mares stagnantes ... 10
LES FILLETTES:	... de la Creuse.
	Le Cher grossi ...
L'INSPECTEUR:	mentalité ...
LES FILLETTES:	... de l'Auron.
LEONIDE:	La margarine n'a jamais été du 15 beurre ...
MONSIEUR ADRIEN:	Deux byrrh citron! [61]
ARMANDE:	C'est une femme qu'il a trouvée dans le ruisseau.
LE CONTROLEUR:	Je vous adore. 20
LES FILLETTES:	La Vienne.

> *Cependant le Droguiste dirige de sa baguette le chœur qui s'enfle ou s'assourdit à son gré.* 25

LE DROGUISTE: Et voici qu'approche le dénouement de ce nouvel épisode de Faust et de Marguerite.[62] Le chœur des Séraphins évidemment nous manque, mais la rumeur des manilleurs, des Mangebois et des enfants, c'est là aujourd'hui le chœur qui, dans sa curiosité, son indifférence, supplie pour elle, et je ne le crois pas moins puissant. 30

> *Pendant que le Droguiste récite.*

[61] **byrrh citron** *French apéritif.*
[62] **de Faust et de Marguerite** *Allusion to Gounod's operatic version of Faust.*

Le Chœur

Les Fillettes:	Le Cher grossi de l'Auron.	
Armande:	On devient cuisinier mais on naît rôtisseur.	*pianissimo*
Les Fillettes:	L'Allier grossi de la Sioule.	
5 L'Inspecteur:	mentalité ... lotissements salubres.	

Le Droguiste fait signe d'amplifier.

Le Chœur

Les Fillettes:	Le Cher grossi de l'Auron.	
10 Monsieur Adrien:	Père Tellier, cœur!	
Les Fillettes:	L'Allier grossi de la Sioule.	
Le Pere Tellier:	Qui en est malade en meurt.	
L'Inspecteur:	Superstition ... freudisme ...	*forte*
15 Armande:	C'est comme ma cape.	
Les Fillettes:	La Vienne grossie de la Creuse.	
Armande:	Je vais la doubler en velours!	

20 Leonide: Ah! non, par exemple!

Isabelle, *frémissant:* Ah! non, par exemple!

tous: Comment? Qu'y a-t-il? Elle a parlé?

Le Droguiste: Je n'attendais pas moins du mot velours. C'est

cela, mademoiselle Armande, parlez comme à votre sœur.
Une couche de silence nous sépare aussi d'Isabelle.

Le Chœur

Les Fillettes:	Le Cher grossi de l'Auron.
Monsieur Adrien:	La dame de pique.
L'Inspecteur:	... laborieuses populations.
Les Fillettes:	L'Allier grossi de la Sioule.
Armande:	Je pensais du velours de soie.

Isabelle, *se réveillant peu à peu:* Pour doubler la vie, du velours
de soie ... pour doubler la mort ... Mais qu'est-ce que je
dis?

L'Inspecteur: Pauvre fille!

Leonide: Et pourquoi ne prendrais-je pas du crêpe de Chine?

Isabelle: Et pourquoi ne prendriez-vous pas du crêpe de Chine?
Le magasin est encore ouvert, la philharmonique répète ...
Ah! vous êtes là, cher monsieur Robert ... Votre main!

L'Inspecteur: Elle est perdue!

Le Droguiste: Elle est sauvée!

Leonide: Que disent ces messieurs?

Armande: Que Mlle Isabelle est perdue et sauvée.

Leonide: Elle a bien fait tout ce qu'il fallait pour cela!

Le Maire, *apparaissant avec* Viola: Monsieur l'Inspecteur!
Monsieur l'Inspecteur! La loterie!

L'Inspecteur: Qu'est-ce qu'elle a, votre loterie?

Le Maire: Elle est tirée.

L'Inspecteur: Pourquoi cette émotion? Le scandale continue?

Le Maire: Au contraire, tout est redevenu normal, au moment
            où nous commencions à désespérer. Parle, Viola, je suis
            hors d'haleine.

L'Inspecteur: Normal? Qui a gagné la motocyclette?

5 Viola: Le cul-de-jatte de l'orphelinat.

L'Inspecteur: Et le gros lot en espèces? [63]

Viola: M. Dumas le millionnaire.

L'Inspecteur: Victoire, messieurs, victoire! Nos peines n'ont pas
            été inutiles. Notre joie est grande, chers concitoyens, à
10   constater que, dans une ville où les notions humaines
            étaient en désaccord, il a suffi de notre présence pour
            réduire les imaginations les plus diverses par ce commun
            diviseur qu'est la démocratie éclairée. Permettez-moi de
            prendre congé de vous. L'épisode Isabelle est clos. L'épi-
15   sode Luce ne surviendra que dans trois ou quatre ans.
            Je peux filer sur Saint-Yrieix [64] où l'on me signale un
            veilleur de nuit somnambule, le pire somnambulisme,
            puisque, en raison des fonctions du malade, il s'exerce en
            plein jour, et parmi des gens éveillés. Adieu, monsieur le
20   Maire. Je vous rends un district en ordre. L'argent y va
            de nouveau aux riches, le bonheur aux heureux, la femme
            au séducteur. Notre mission chez vous, mes chers con-
            citoyens, est terminée.

Le Maire: Et guérie l'âme d'Isabelle!

25 Armande: Et couronné comme il se doit le lyrisme des fonc-
            tionnaires!

Le Droguiste: Et fini l'intermède!

RIDEAU

[63] **Et le gros lot en espèces?**   And the first prize in cash?
[64] **Saint-Yrieix**   *Town in the department of Haute-Vienne, twenty-four
    miles from Limoges.*

EXERCISES

Acte I   Scène I

1. Le Maire croit-il en l'existence du Spectre?
2. Pourquoi le Maire a-t-il choisi ce lieu pour la réunion?
3. Selon le Droguiste, qu'est-ce qui est nécessaire pour humaniser un sol encore primitif?
4. Pourquoi Giraudoux amène-t-il la discussion de la mandragore?
5. Décrivez le Spectre.
6. Selon le Maire et le Droguiste, quelles sont les qualités du Contrôleur?
7. Pour quelle raison l'Inspecteur est-il venu dans la région?

Scène II

1. Quelle sorte de classe Isabelle tient-elle à faire? Pourquoi?
2. Pourquoi la mandragore est-elle la plante la plus indispensable à la leçon d'Isabelle?

Scène III

1. D'après le Droguiste, comment Isabelle tourne-t-elle autour des symboles du mal?

2. Comment diffère-t-elle de ses compagnes?
3. A votre avis, quelle est l'importance de la discussion du Droguiste sur Isabelle et ses compagnes?

Scène IV

1. Comment l'Inspecteur essaie-t-il de montrer que les esprits n'existent pas?
2. Comment le Contrôleur répond-il aux questions de l'Inspecteur?
3. Pourquoi Giraudoux introduit-il des effets comiques à l'égard de l'Inspecteur?
4. A quel genre de littérature le personnage de l'Inspecteur est-il emprunté?
5. Comment la ville a-t-elle été mise en désordre par l'arrivée de "l'influence inconnue"?
6. A votre avis, cette "série d'opérations étranges" a-t-elle été salutaire ou nuisible aux gens de la ville? Pourquoi?
7. Si les réponses au recensement officiel sont vraies, pour quelle raison sont-elles un défi à l'administration? Qu'est-ce que Giraudoux essaie de nous dire au sujet de la vérité?

Scène V

1. De qui les demoiselles Mangebois sont-elles les filles?
2. Quel est leur rôle dans la pièce?
3. D'où viennent les effets comiques à l'égard des demoiselles Mangebois?
4. Pourquoi sont-elles au courant de tout ce qui se passe dans l'arrondissement?
5. Que pense l'Inspecteur des "apparitions" du Spectre? Qu'est-ce que son attitude nous indique à propos du caractère de l'Inspecteur?
6. Racontez le crime qui a eu lieu dans la région.
7. Quelle est l'importance de la défense de Mme Lambert par

le Contrôleur? A qui se compare-t-il? Comment la défend-il? Qu'est-ce qu'elle représente pour lui?

8. Pourquoi les demoiselles Mangebois soupçonnent-elles Isabelle "d'être pour quelque chose dans les machinations qui corrompent la ville"?

9. Qu'est-ce que vous pensez d'Isabelle d'après son agenda? Comment la caractériseriez-vous?

10. Quel tableau l'Inspecteur nous donne-t-il des femmes?

11. Pourquoi Isabelle espère-t-elle voir le Spectre?

12. Comment le Contrôleur décrit-il Isabelle?

Scène VI

1. Pourquoi l'Inspecteur trouve-t-il les élèves insupportables? Comment propose-t-il de les changer?

2. Pour quelle raison Isabelle ne peut-elle pas punir les fillettes?

3. Pourquoi les élèves sont-elles tristes de voir tuer la chenille?

4. Pourquoi n'y a-t-il pas de "première" de la classe?

5. Qu'est-ce que les leçons des étudiantes nous indiquent à propos de l'enseignement qu'elles reçoivent?

6. Que représentent l'ensemblier et Arthur dans la méthode d'Isabelle?

7. Quelle est la signification de la *Marseillaise des Petites Filles*?

8. Après la mort, qu'y a-t-il, selon l'Inspecteur? Et que représente la vie, selon lui?

9. Caractérisez les systèmes d'enseignement d'Isabelle et de l'Inspecteur.

Scène VII

1. Pour quelle raison le Droguiste reste-t-il?

2. Que veut-il dire par la "transition"?

3. Pourquoi a-t-on besoin d'une transition?

4. Décrivez le "diapason de notre pays."

5. De quelle technique dramatique Giraudoux se sert-il?

Scène VIII

1. Que pense Isabelle de la mort?
2. Qu'est-ce qu'elle reproche aux morts?
3. Pourquoi est-elle digne de la visite de la mort?
4. Quelle est sa conception de la mort? Que représente la mort pour elle?
5. Que pensez-vous des réponses du Spectre?

Acte II   Scène I

1. Quelle est la raison théâtrale de la leçon d'astronomie des petites filles?
2. Selon le Contrôleur, quelle est l'importance de ces leçons?
3. Dans quelle mesure les petites filles sont-elles pareilles à Isabelle?
4. Pourquoi le Contrôleur désapprouve-t-il les rencontres d'Isabelle et du Spectre?
5. Pour quelle raison le Droguiste attend-il la naissance d'un Spectre ce soir?
6. Définissez l'état poétique, selon le Droguiste.

Scène II

1. Qu'est-ce que le Conseil supérieur pense de la religion?
2. A votre avis, quelle est l'attitude de Giraudoux envers la religion?
3. Selon le Conseil, pourquoi les perturbations du village ne sont-elles pas démocratiques?
4. Commentez l'idée que le Droguiste n'est pas "étranger à ces mystifications continuelles" dans le village.
5. Quelles sont les indications qu'Isabelle accepte un rendez-vous avec le Spectre?

6. Pourquoi le Contrôleur veut-il parler à Isabelle?
7. Essayez de classifier la variété de la comédie dans la scène.

Scène III

1. Pour quelle raison le compliment du Contrôleur plaît-il à Isabelle? Quelles sont les qualités qui lui plaisent?
2. Qu'est-ce qui est anormal pour Isabelle?
3. Qu'est-ce que la civilisation lui a appris?
4. Quelle est la religion humaine, d'après Isabelle (et Giraudoux)?
5. Comment Isabelle justifie-t-elle son amour d'un vivant et d'un mort?
6. Qu'est-ce que le Contrôleur appelle "le jeu" du Spectre?
7. Analysez les éléments de la vie qui sont attirants pour les morts.
8. Pourquoi le Contrôleur ne veut-il pas qu'Isabelle touche aux limites de la vie?
9. Quelle sorte d'homme sera le mari futur d'Isabelle?
10. Quelles sont les différences d'attitude entre l'Inspecteur et le Contrôleur à propos du Spectre?

Scène IV

1. De quel genre dramatique viennent les deux bourreaux?
2. Quels personnages de la *commedia dell'arte* sont semblables aux bourreaux?
3. D'où vient le comique de la scène?

Scène V

1. Comment le Droguiste espère-t-il créer la transition?
2. Quelle est la fonction du diapason?
3. Caractérisez le monde d'Isabelle et celui de l'Inspecteur d'après la description du Droguiste.

Scène VI

1. Quand même le Spectre ne serait pas un vrai fantôme, comment pourriez-vous justifier l'intérêt d'Isabelle dans ses actions?
2. Quelle est la différence entre les morts qu'Isabelle "a lâchés sur le néant comme une pierre" et ceux qu'elle a "donnés à la mort comme à une mission"?
3. Quel est le système d'Isabelle pour attirer les morts? Quelle est la qualité qui les attire?

Scène VII

1. Comment le Droguiste—et Giraudoux—interprètent-ils la croyance d'Isabelle au Spectre?
2. Pourquoi l'Inspecteur devrait-il avoir honte "d'avoir vu juste"?
3. Pour quelle raison l'Inspecteur et les deux bourreaux ne comprennent-ils pas le Spectre?
4. Comment un certain pessimisme de Giraudoux se reflète-t-il dans cette scène? Caractérisez ce pessimisme.

Scène VIII

1. A quel combat le Contrôleur doit-il se préparer?
2. Pourquoi les petites filles comprennent-elles la situation mieux que le Contrôleur?
3. Expliquez la phrase du Droguiste: "Ce qui se passe ici se passe chaque jour dans une des trente-huit mille communes de France."
4. Que signifie la rencontre entre Luce et le Spectre? Comparez Luce à Isabelle.

Acte III   Scène I

1. Quelle cérémonie l'Inspecteur prépare-t-il?
2. Quelle est la réaction de la bourgeoisie au Spectre?

3. Qu'est-ce que Giraudoux satirise dans le discours de l'Inspecteur?
4. Qu'est-ce que l'Administration et l'Instruction obligatoire proposent de faire pour l'homme?
5. Que pensez-vous de leurs changements? Pourquoi Isabelle élèverait-elle une objection à ce qu'ils font?
6. Quelle est la comédie dans les relations de l'Inspecteur et des petites filles?

Scène II

1. Pourquoi les poètes n'ont-ils pas toujours droit à la mort?
2. Quand a-t-on droit à la mort?
3. Pour quelle raison les spectres ont-ils besoin de jeunes filles dans leur "vie"?
4. Quelle est la réaction d'Isabelle à l'arrivée du Contrôleur?

Scène III

1. Pourquoi le Contrôleur vient-il parler à Isabelle?
2. Quelle est l'importance de sa discussion en ce moment dans la pièce?
3. Qu'est-ce que le Contrôleur pense d'Isabelle?
4. Que représente-t-il?
5. Quelle est la signification du fait que le costume du Contrôleur vient de ses aïeux?
6. Quelles sont les deux qualités qu'Isabelle recherche avant tout?
7. Comment le Contrôleur prouve-t-il l'existence de ces deux qualités dans sa propre vie?
8. Discutez sa défense de la vie.
9. Pour quelle raison Isabelle accepte-t-elle le Contrôleur comme mari?
10. Commentez le dernier souhait d'Isabelle: "Notre pauvre spectre!"
11. Quelle est l'importance de cette scène en vue du thème de la pièce?

Scène IV

1. Que représentent le Contrôleur et le Spectre?
2. Qu'est-ce que le Spectre apporte à Isabelle? Définissez ce "secret."
3. Pourquoi le Contrôleur aura-t-il droit à la mort? Quelle sorte de réalité représente-t-il?
4. Que répondriez-vous à la question du Contrôleur: "Pourquoi mêler les jeunes filles à cette histoire?"
5. Comment le Spectre caractérise-t-il une jeune fille?
6. Selon le Spectre, qu'est-ce que le mariage?
7. En acceptant le Contrôleur plutôt que le Spectre, quelle sorte de vie Isabelle accepte-t-elle?
8. Accepte-t-elle la réalité tout à fait? Que signifient ses dernières paroles de la scène?
9. Discutez la signification de la Scène IV dans le développement du thème de la pièce.
10. Justifiez l'idée que cette scène est le point culminant de la pièce.

Scène V

1. Par quel moyen l'Inspecteur essaie-t-il de faire renaître Isabelle?
2. Pourquoi les mots de l'Inspecteur ne sont-ils pas suffisants?

Scène VI

1. Qu'est-ce que le Droguiste propose de faire?
2. Pourquoi seules les petites filles comprennent-elles la méthode du Droguiste?
3. Dans le "chœur provincial," quel rôle joue l'Inspecteur? Les demoiselles Mangebois? Les petites filles? Les hommes de la ville?
4. Quel mot réveille Isabelle? Pourquoi? (Pensez à l'entrée du Spectre dans l'Acte I, Scène VIII.)

5. Qui reconnaît-elle tout de suite?
6. Que veut dire l'Inspecteur quand il dit: "L'épisode Luce ne surviendra que dans trois ou quatre ans"?
7. Qu'est-ce qu'il veut dire par un "district en ordre"?
8. Est-ce que Giraudoux est pessimiste ou optimiste? Accepte-t-il la situation finale d'Isabelle?

Sujets de Discussion

1. Isabelle comme représentante de la "jeune fille" de Giraudoux.
2. Le Droguiste, le porte-parole du dramaturge.
3. Le monde limité de l'Inspecteur.
4. Les attraits de l'inconnu pour Isabelle.
5. L'inconnu et le Spectre.
6. Le Contrôleur et la poésie de la réalité.
7. La jeune fille et l'aventure du Spectre.
8. Les éléments comiques dans l'œuvre.
9. Les influences de la *commedia dell'arte*.
10. La méthode d'enseignement d'Isabelle.
11. Les "transitions" du Droguiste.
12. La structure de la pièce.
13. L'atmosphère de la pièce.
14. Le "retour" d'Isabelle à la vie réelle.
15. La signification du titre, *Intermezzo*.

VOCABULARY

In this vocabulary, all obvious cognates have been omitted, as well as the expressions already explained in the footnotes. In addition, this list does not include articles, pronouns, contractions, common conjunctions, possessive and demonstrative adjectives, and cardinal and ordinal numbers.

The present or past participles of verbs are indicated only if they are formed irregularly or if they are used as adjectives or nouns in the play. Only the masculine singular form is given for adjectives with regular inflections.

The following abbreviations are used:

f.	feminine
m.	masculine
pl.	plural
p.p.	past participle
pres. part.	present participle
pres. subj.	present subjunctive
sing.	singular

l'abandon *m.* lack of restraint
abattre to pull down
l'abeille *f.* bee
l'abîme *f.* abyss, chasm
abord: d'— first of all
l'aboutissement *m.* final result, outcome
abréger to shorten
absolument absolutely
absorbant time-consuming
abstrait abstract
acariâtre bad-tempered
l'accès *m.* access, approach
accomplir to accomplish
l'accord *m.*: **d'—** in agreement
accorder to grant, bestow

l'accordeur *m.* tuner (*of musical instruments*)
l'accotement *m.* side (*of road*)
accoucher to bring forth, give birth to
accouder to lean on
accrocher to hang, hook
s'accrocher to get caught on
accueillir to welcome, greet
l'acheminement *m.* path
achever to finish
l'adieu *m.* good-bye, farewell
admettre to admit
l'administré *m.* person under someone's administration
administrer to give

139

s'**adosser**   to lean back against
adoucir   to relieve, ease
aéré   exposed, freshened
aérer   to clean out
l'**aérophagie**   air-swallowing
(*often manifested in hysteria*)
l'**affaire** *f.*   matter, business; **avoir**
— **avec** to have something to
do with
l'**affairement** *m.*   fuss, bustle, ado
s'**affaisser**   to sink down, collapse
affecter   to assign
l'**affiche** *f.*   poster
âgé   old, aged
l'**agenda** *m.*   diary
s'**agenouiller**   to kneel down
agir   to act; s'— **de** to concern,
be a question of
l'**agitation** *f.*   restlessness
agiter   to wave, excite
l'**agneau** *m.*   lamb; **le gant d'**—
kid glove
l'**aide** *f.*   help, assistance
aider   to help, aid
aigu   shrill, piercing
ailleurs: d'—   moreover, besides,
furthermore
l'**aimant** *m.*   magnet
aimer   to love
l'**aîné**   the elder
ainsi   thus, so, like that; — **de**
suite and so on, and so forth
l'**air** *m.*   air.; l'**ampoule d'**— gill;
en plein — outdoors
ajouré   pierced, perforated
ajouter   to add
ajuster   to adjust
l'**aliment** *m.*   food
l'**alimentation** *f.*   food
allécher   to allure, attract
l'**allée** *f.*   path, lane
l'**Allemagne** *f.*   Germany
allemand   German
aller   to go; — **chercher** to go
get; — **au devant de** to go
to meet

l'**allure** *f.*   attraction
l'**alouette** *f.*   lark
l'**alpiniste** *m.*   mountaineer
l'**amant** *m.*   lover
s'**amasser**   to accumulate
l'**âme** *f.*   soul
amener   to lead, bring
l'**ami** *m.*   friend
l'**amitié** *f.*   friendship
amoindrir   to reduce, diminish
l'**amour** *m.*   love
amoureux, amoureuse   loving,
in love with
l'**amour-propre** *m.*   pride
amplifier   to amplify, expand
l'**ampoule** *f.* **d'air**   gill
s'**amuser à**   to enjoy
l'**an** *m.*   year
l'**ancêtre** *m.*   ancestor
ancien, ancienne   former
les **anciens** *m.*   the ancients
l'**anesthésie** *f.*   anaesthesia
l'**angoisse** *f.*   anguish, distress
l'**anguillère** *f.*   fish pond for eels
animer   to animate, endow with
life
l'**année** *f.*   year
l'**annonce** *f.*   announcement, noti-
fication
annoncer   to announce
anonyme   anonymous
anormal   abnormal, irregular
anticiper   to anticipate
l'**antipode** *f.*   antipode, antipodal,
diametrically opposite
s'**apaiser**   to calm down, grow
quiet
apercevoir   to catch sight of
s'**apercevoir**   to become aware
l'**aplomb** *m.*: **remettre d'**— to
place upright again
apparaître   to appear
l'**apparence** *f.*   appearance
appartenir à   to belong to
apparu *p.p. of* **apparaître**
l'**appel** *m.*   appeal, call

appeler to call
s'appeler to be called
appliquer to apply
apporter to bring
apprécier to appreciate
apprendre to teach, tell about, learn
l'apprenti *m.* apprentice
s'apprêter à to prepare, get ready for
apprivoiser to tame, win over
l'approbation *f.* approval
approcher to approach
approuver to approve (of)
appuyer to press
après after; d'— according to, following
après-demain the day after tomorrow
après-midi *m.* afternoon
l'arbre *m.* tree
l'arche *f.* treasure chest
l'archiviste *m.* keeper of public records
l'ardoise *f.* slate
ardu difficult, hard
les Arènes *f. pl.* amphitheater
l'argent *m.* money; le lot en — cash prize
argenter to silver
armé: ciment — reinforced concrete
l'arpent *m.* acre
arracher to extract
s'arranger to manage
l'arrêt *m.* stop, stopping; sans — without stop
(s')arrêter to stop
l'arrivant *m.* person arriving, arrival
arriver to arrive, succeed, happen
l'arrondissement *m.* subdivision of a département
l'artère *f.* thoroughfare

l'arum *m.* arum (*a small genus of herbs*)
l'as *m.* ace
les ascendants *m. pl.* ancestry
asphyxier to asphyxiate
s'asseoir to sit down
s'asse*y*ant *pres. part. of* s'asseoir
assez rather, enough
assiéger to besiege, crowd around
assis seated
l'assistance *f.* onlooker, group
l'assistant *m.* bystander
assister à to be present at
assortir to match
s'assourdir to soften, grow quiet
assurer to affirm, assure
l'astre *m.* star
l'astronome *m.* astronomer
l'astronomie *f.* astronomy
l'atelier *m.* workshop
s'attaquer à to approach, attack
attarder to delay
s'attarder to lag behind
atteindre to reach, attain
attendre to wait (for), expect
l'attente *f.* waiting
attirer to draw, attract, lure
attraper to catch
l'aube *f.* dawn
aucun anyone, any, not one
l'au-delà *m.* the beyond
au-dessus above
au-devant ahead
auditif, auditive auditory
aujourd'hui today
auprès next to
l'aurore *f.* dawn, daybreak
aussi also, so, therefore
aussitôt immediately, at once
austral southern
autant as much, so much; d'— plus que especially as
l'automobiliste *m.* motorist
autoriser to authorize
l'autorité *f.* authority

autour about, around
autre other, **d'—** any other
autrefois formerly, in the past
autrement much more
l'**avance** *f.* advance; **à l'—** in advance; **d'—** ahead of time
avancer to move ahead, approach
l'**avancement** *m.* promotion
l'**avantage** *f.* advantage
avant que before
l'**avare** *m.* miser
avare miserly
les **avatars** *m. pl.* trouble
l'**aventure** *f.* adventure
avertir to warn
aveugle blind
aveulir to make someone indifferent
l'**avis** *m.* opinion
avisé well-advised
s'**aviser** to take into one's head
avoir to have; **— la berlue** to see things wrong; **besoin de** to need; **— peur** to be afraid; **— raison** to be right **— tort** to be wrong
avouable able to be admitted
avouer to admit, acknowledge

la **baguette** stick, baton
se **baigner** to go swimming
la **baigneuse** bather, swimmer
le **baiser** kiss
baisser to lower
la **Balance** Libra (*southern zodiacal constellation*)
le **balancement** swinging
balancer to swing
balayer to sweep
le **balcon** balcony
le **banc** bench
la **bandagiste** one who makes or sells bandages
le **banquier** banker
baptiser to baptize
la **barbe** beard

barrer to bar, obstruct
bas lower; **le — monde** underworld
la **base** bottom
se **baser sur** to found upon
le **basset** basset hound
le **bassin** basin
le **basson** bassoon, bassoon player
le **bâtiment** building, housing
la **batterie de cuisine** kitchen utensils
le **battoir** paddle
battre to beat
bavard talkative
le **bavardage** chatter(ing)
bavarder to chatter, gossip
beau, belle handsome, fine, beautiful
beaucoup much, a great deal
la **bécasse** ignoramus
le **beffroi** belfry
bel et bien once and for all
le **bémol** flat (*music*)
le **berger** shepherd
la **berlue** false vision; **avoir la —** to see things wrong
le **besoin** need; **avoir — de** to need
la **bêtise** nonsense, stupidity
le **beurre** butter
biais: se regarder de — entre eux to look sideways at one another
bien well; **bel et —** once and for all; **ou —** or else; **vouloir —** to be willing
le **bien** good, welfare
les **bienfaits** *m. pl.* benefits
bientôt soon
le **bienvenu, la bienvenue** welcome; **souhaiter la —** to welcome
biliaire: la vésicule — gallbladder
les **binocles** *m. pl.* **de rechange** extra pair of glasses
le **bipède** two-legged

blanc, blanche white
le blason coat of arms
bleu blue
le blocus mass
le bœuf ox
le bohémien gypsy
boire to drink
le bois wood
la boîte de la poste mailbox
le boîtier watch-case
bon, bonne good; le — sens
common sense
le bonheur happiness, good for-
tune; par — luckily
la bonté kindness
le bord edge
la borne limit, boundary
le bosquet grove, thicket
la botanique botany
la bouche mouth
bouché: le cidre — bottled cider
le boucher butcher
boucher to plug up, bottle up;
— les oreilles to refuse to
hear
boucler to fasten on
bouger to move
bouillir to boil
le bourg town
la bourgade important village
le bourreau executioner, hangman
la boussole compass
le bout end
le bouton button, knob
le bracelet-montre wristwatch
le bras arm
brave good, worthy, mon —
my good fellow
bref brief, briefly, in a word
le brevet school diploma
la bribe scrap, fragment
briller to sparkle, glisten
la brillantine brilliantine
la brindille twig
la broche brooch
le brouillard fog, mist
brouiller to mix up, confuse

brouter to browse, graze
bruire to murmur
bruissant pres. part of bruire
le bruit sound, noise
brûler to burn
brun brown
la brune brunette
la bruyère heather; le coq de —
wood grouse
le bûcheron woodcutter
le buisson bush, thicket
le bureau office
buter to stumble
le butor lout, churl
bruissant pres. part. of bruire

le caca d'oie gosling, green (lit.:
goose dung)
cacher to hide
la cachette hiding place
le cadeau gift, present
le cadet, la cadette the younger
one
le cadran dial
le cadre frame
le café coffee
le calcul arithmetic
calculer to calculate, plot,
compute
calfeutrer to block up, stop up
la calomnie slander
la calotte portion, half
le camarade, la camarade school
friend
le cambrioleur burglar
la campagne countryside
le canif penknife
la canne walking stick
le canton district
la cantonade "the wings"
la cape cloak
le caractère character
carboniser to carbonize
carbonisé: être — to be burned
to death
le carnet diary
le carnivore carnivorous animal
le carrefour crossroad

la **carrière** career
la **carte** card
le **cas** case
casser to break
la **casserole** pan
la **cause** cause; **à — de** because
of; **hors de —** out of the
question
la **caverne** cave, cavern
céder to yield
célèbre famous
céleste heavenly, celestial; **la
voûte —** canopy (vault) of
heaven
centenaire of a hundred years
standing
cependant however, while
le **cerceau** hoop
le **cercle** circle
certainement certainly
certes of course
le **certificat d'études** school diploma
cesser to stop
chacun each one
la **chaîne (de montre)** watch chain
la **chair** flesh
la **chaise** chair
la **chaleur** heat, warmth
la **chambre** room
le **champ** field
le **champagne nature** pure champagne
le **changement** change
changer to change
la **chanson** song
chanter to sing
le **chapeau** hat
chapitre: au — de regarding
chaque each
le **charbonnier** coal merchant
le **chardon** thistle
chargé loaded, entrusted
charger to entrust; **se — de**
to take charge of
charmant charming

le **charretier** driver
la **chasse** hunt(ing)
le **chat, la chatte** cat
la **châtaigneraie** chestnut grove
chaud warm
la **chaussette** sock
la **chauve-souris** bat
le **chemin** route, path
la **cheminée** fireplace; **le tablier
de —** register of the fireplace
le **chêne** oak
la **chenille** caterpillar
cher dear
chercher to seek, look for
le **cheval, les chevaux** horse; **à —**
on horseback
les **cheveux** *m. pl.* hair
le **chien** dog
la **Chine: le crêpe de —** sheer silk
crepe
le **chœur** chorus
choisir to choose
le **choix** choice
la **chose** thing
la **chouette** owl
chrétien, chrétienne Christian
le **chrétien** Christian
la **chrétienté** Christendom
le **chuchotement** whispering
chuchoter to whisper
chut hush
la **chute** fall
la **cicatrice** scar
le **cidre bouché** bottled cider
le **ciel** sky, heaven; **le plein —**
open sky
le **ciment** cement; **— armé** reinforced concrete
le **cimetière** cemetery
la **circonscription** district
la **circonstance** circumstance
circuler to circulate, flow
le **cirque** circus
le **citoyen** citizen
le **citron** lemon

la **citrouille** pumpkin

clair clear

le **clairon** bugle

le **claquement (des dents)** chattering (of teeth)

claquer to bang, slam

la **clarté** clearness, clarity

classer to classify

la **clef** key; **fermer à —** to lock

le **clerc** scholar

cligner to wink

le **clin d'œil** wink

la **cloison de vitre** glass partition

le **cloître** cloister

clos closed

clouer to nail (down)

le **cocuage** the deceiving of a man by his wife

le **cœur** heart

le **coffre** chest

le **coin** corner

le **coing: l'eau de —** brandy

la **colle** paste, glue

collectionner to collect

se **colleter** to come to grips with

le **collier** necklace

la **colline** hill

colorer to color

combattre to fight

combien how, how much

le **comble** the best part

le **commandant** commanding officer; **le — des pompiers** fire chief

le **commandement** command, order

le **commandeur** commander *(of an order of knighthood)*

comme as, like; **— d'habitude** as usual

commencer to begin

comment how, what's that?

la **commère** gossip

commettre to commit

commun common, ordinary

la **communiante** communicant

la **compagne** schoolmate, companion

complètement completely

le **complice** accessory, accomplice

compliqué complicated

comporter to call for, include

comprendre to understand, conceive

compris *p.p. of* **comprendre; y — including**

le **compte** account; **en fin de —** finally; **par-dessus le —** in addition to everything else; **rendre — de** to render an account of; **se rendre —** to realize

compter to count

concevoir to conceive

le **concierge** porter, caretaker

le **concitoyen** fellow citizen, countryman

concorder to agree

le **condamné** condemned person

condamner to condemn

conduire to lead, guide

la **conduite** conduct

la **confiance** confidence

confier to entrust

confondre to make a mistake

conforme consistent

le **congé: prendre — de** to take leave of

le **conjoint** mate

conjuguer to interconnect

conjurer to entreat, beseech

la **connaissance: prendre — de** to inquire into

connaître to know (about); **— à fond** to know thoroughly

connu *p.p. of* **connaître**

la **conquête** conquest, acquisition

consacrer to sanctify, devote to

consciencieux, consciencieuse conscientious

conscient conscious of, aware of

le **conseil** advice, council; **le Conseil supérieur** council designed to furnish aid and advice to government

le **Conseiller général** member of the elective assembly dealing with departmental affairs

consentir à to consent to, agree to

la **conséquence** result; **en —** as a result

la **consigne** duty

constater to establish, ascertain

contaminer to contaminate

contempler to gaze at

contenir to contain

le **contraire** opposite; **au —** on the other hand, on the contrary

contre against

se **contredire** to contradict oneself

la **contrée** region, country

le **contrepied: prendre le —** to take the opposite view

le **contribuable** taxpayer

le **Contrôleur des Poids et Mesures** Supervisor of Weights and Measures

convaincre to convince

convenir to agree

convoquer to summon

le **coq de bruyère** wood grouse

coquet, coquette coquettish

la **coquetterie** coquetry

la **coquille Saint-Jacques** scallop

le **corps** body

corpulent stout, fat

correspondant corresponding

corrompre to corrupt

le **costume** outfit, dress

le **côté** side; **à — de** beside

le **cou** neck

couchant: le soleil — setting sun

la **couche** layer, stratum

se **coucher** to go to bed

coudé bent

la **couleur** color

la **coulisse** "the wings"

le **coup** strike, blow; **à — sûr** certainly; **le — de feu** shot; **frapper un — à la porte** to knock on the door; **tenir le —** to withstand the blow; **tout à — suddenly; tout d'un —** suddenly

coupable guilty

la **cour** court

courageux, courageuse courageous

courant frequent

couronner to crown

le **courrier** messenger

le **cours** course; **au — de** in the course of; **en plein —** in the middle

les **courses** *f. pl.* **au trot** trotting races

court short

le **courtier de publicité** publicity agent

la **couture** seam

le **couvent** convent

le **couvercle** lid, cover

couvrir to cover

la **craie** chalk

craindre to fear

la **crainte** fear

craquer to make a cracking sound

la **cravate** tie

le **crayon** pencil

créer to create

le **crêpe de Chine** sheer silk crepe

le **crépuscule** twilight, dusk

crier to shout, cry

la **crise** attack

croire to believe

la **croix** cross; **la Croix du Sud** Southern Cross (*constellation of four bright stars in the southern hemisphere*)

le **croque-mort** funeral director

la **croyance** belief
cru *p.p. of* **croire**
la **cruauté** cruelty
la **cuisine** kitchen; **la batterie de** — kitchen utensils
le **cuisinier** cook
le **cul** backside
le **cul-de-jatte** legless cripple
le **cure-dent** toothpick
curieux, curieuse curious
cynique cynical
le **cyprès** cypress tree

la **dame de pique** queen of spades
dangereux, dangereuse dangerous
danser une ronde to dance in a ring
davantage more
le **dé** thimble
débarrasser to get rid of
se **débattre** to struggle
debout standing; **se tenir** — to stand up
le **début** beginning
le **décès** death
décevoir to disappoint
la **déchirure** tear, rip
déchoir to fall
décidément decidedly
la **découverte** discovery
découvrir to discover
déçu *p.p. of* **décevoir**
dédaigner to scorn, disdain
la **défaillance** decay
défaillir to faint
le **défi** challenge
défier to challenge, defy
définitivement definitely, finally
le **défunt** deceased
dégager to free, disengage
dégoûter to disgust
le **dégraisseur** cleaner
dehors outside
déjà already
déjeuner to have lunch

le **déjeuner** lunch
de là hence, thus
la **délicatesse** refinement
le **délire** delirium
se **délivrer de** to get rid of
déloger to remove, drive out
le **déluge** flood
demain tomorrow
la **demande** bid
demander to ask
demeurer to remain
demi half
la **demoiselle** spinster, young lady
démolir to demolish
démoniaque demoniac
dénommer to name
la **dénonciation** denunciation
le **dénouement** ending
dense thick
la **dent** tooth
dentelé with jagged edges, perforated
le **départ** departure
le **département** *subdivision of France administered by a prefect*
dépeindre to depict, describe
déposer to place
depuis (que) since
se **déranger** to take the trouble
dernier most recent, latest, last
se **dérober** to escape
la **dérogation** impairment
derrière behind; **la patte de** — hind paw
le **derrière** backside
le **désaccord** disagreement; **être en** — to be at variance, be out of tune
désapprendre to forget
désespérer to dispair
désespéré desperate
déshonorer to dishonor, disgrace
le **désir** desire, wish
désirer to want

désormais henceforth, in the future

dès que as soon as

dessiner to lay out

le **destin** fate, destiny

devant before, in front of

devenir to become

dévergondé shameless, licentious

deviner to guess

deviser to chat, gossip

dévoiler to unveil, reveal

devoir should, ought

le **devoir** duty

dévorer to devour

le **dévouement** devotion

se **dévouer** to dedicate oneself

le **diable** devil

le **diamant** diamond

le **Dieu** God

le **dièse** sharp (music)

différencié differentiated

difficile difficult

difforme deformed, misshapen

digne worthy

la **dignité** dignity

le **dimanche** Sunday

le **dîner** dinner

dire to say, tell; **faire — à** to send word to; **vouloir — to** mean

diriger to control, manage, direct

se **diriger** to make one's way

le **discours** talk

discret discreet

disparaître to disappear

disparu p.p. of **disparaître**

(se) **disputer** to quarrel, argue

dissimulé secretive

se **dissimuler** to hide, conceal

dissiper to dispel, scatter

distinguer to distinguish

distraire to distract

la **divagation** wandering

divers varied

le **diviseur** divider

le **doigt** finger

le **dommage** damage

donc then

le **donjon** dungeon

donner to give; **— passage à quelqu'un** to let someone enter; **— sur** to lead to

doré gilded, golden

dormir to sleep

le **dos** back

le **douanier** customs officer

doubler to line (a cloak, etc.)

la **doublure** lining

doucement gently, softly

la **douceur** sweetness, softness

la **douleur** suffering

le **doute** doubt; **hors de —** beyond doubt; **sans —** doubtlessly

douter to doubt; **se — de** to suspect

doux, douce gentle, sweet

la **drachme** drachma (ancient Greek coin)

la **dragée** sugar-coated almond

le **dragon** dragoon

se **dresser** to stand up, rise

la **drogue** drug

le **droguiste** druggist, pharmacist

droit right

le **droit** right

drôle funny, odd

le **druide** druid (member of a religious order in ancient Gaul, Britain, and Ireland)

dur d'oreille hard of hearing

la **durée** remaining part

durer to last

l'**eau** f. water; l'**— de coing** brandy; l'**— de toilette** toilet water

écailler to scale

écarter to spread apart, push out

s'écarter to move aside
l'échafaud *m.* scaffold
l'échange *f.* exchange
(s)échapper to escape
l'échec *m.* failure
échoir to fall to by chance
éclairer to enlighten, illuminate
l'éclat *m.* flash, glitter
éclatant dazzling, bright
l'écluse *f.* canal lock, flood gate
l'école *f.* school
écouter to listen to
écraser to crush
écrire to write
l'écume *f.* foam
l'écureuil *m.* squirrel
l'édicule *f.* public convenience
l'édifice *m.* building
effacer to erase
l'effet *m.* effect, result; **en —** indeed
effleurer to graze, touch lightly
l'effraction *f.* housebreaking
effrayer to frighten
s'effriter to crumble
effronté impudent
égal equal
l'égard *m.* respect
s'égarer to lose one's way, get lost
l'églantier *m.* wild rose, dog rose
l'égoïsme *m.* selfishness
l'égoïste *m. or f.* selfish person
l'égout *m.* sewer
eh bien well
l'élan *m.* burst, outburst
l'élève *m. or f.* student
s'élever to rise up
élire to elect, choose
l'éloge *f.* praise
l'embolie *f.* embolism, blood clot
l'embrasure *f.* window recess
emmener to lead someone away
émouvant moving, stirring
émouvoir to move, rouse

empêcher to prevent
l'empereur *m.* emperor
employer to use
emporter to take away, carry (away)
l'empressement *m.* eagerness
ému *p.p. of* émouvoir
encore still, again
l'encre *f.* ink
endormi sleeping
l'endroit *m.* place, spot
énerver to get on someone's nerves
l'enfance *f.* childhood
l'enfant *m. or f.* child
l'enfer *m.* hell; **les Enfers** Hades
enfin finally, after all
s'enfler to swell
engager mal to place in wrong
engourdir to (be) numb
l'engourdissement *m.* numbness, dullness
l'enjambée *f.* stride
enjoindre to call upon, enjoin
l'ennemi *m.* enemy
l'ennui *m.* worry, bother, boredom
ennuyer to annoy, bore
l'enquête *f.* investigation
enquêter to make an investigation
l'enseignement *m.* teaching, education
l'ensemble *m.* whole, group; **dans l'—** on the whole
ensemble together
ensoleillé sunny
ensuite then, afterwards
s'entasser to crowd together
entendre to hear, expect, intend
s'entendre to be understood
entendu all right
entêté obstinate, headstrong, stubborn
l'entêtement *m.* stubbornness
entêter to intoxicate

entier whole, complete; **tout —** completely

l'entrain *m.* liveliness; **sans —** half-hearted

entraîner to carry along

entre between

entremêler to mix

l'entremise *f.* intervention, mediation

entreprendre to undertake

entrer to enter

entretenir to maintain, support

envelopper to cover, encircle

envisager to consider

s'envoler to fly out

envoyer to send

l'épave *f.* unclaimed object

l'épicier *m.* grocer

les épinards *m. pl.* spinach

l'épouse *f.* wife

l'époux *m.* husband; **les —** couple

éprouver to test, experience

épuiser to exhaust

s'épurer to purify oneself

ériger to establish

errer to roam, wander

l'escalier *m.* staircase

l'escarpolette *f.* swing

s'esclaffer to burst out laughing

espacé far apart

l'espèce *f.* kind, species

espérer to hope

espionner to spy

l'espoir *m.* hope

l'esprit *m.* spirit, mind

estimer to estimate

l'estuaire *f.* estuary

essayer to try

l'essence *f.* perfume

l'estrade *f.* platform

l'étage *m.* step

l'étalon *m.* stallion

l'étamine *f.* stamen

étanche thick

l'étang *m.* pond, pool

l'état *m.* state, condition

l'été *m.* summer

éteindre to put out

étendre to spread, stretch out

éternel, éternelle eternal

éternuer to sneeze

étinceler to sparkle, glitter

l'étoile *f.* star

étonner to surprise

s'étonner to be surprised

étrange strange, peculiar

étrangement peculiarly

l'étranger *m.* stranger

l'étrangeté *f.* strangeness

l'être *m.* being, individual

être to be; **— en désaccord** to be at variance, be out of tune; **— de garde** to be on guard; **— en jeu** to be at stake; **— en tournée** to make one's rounds; **— en train de** to be engaged in

étreindre to embrace

étroit narrow, close

étroitement narrowly, closely

les études *f. pl.*: **le certificat d'—** school diploma

l'évadé *m.* escaped prisoner

s'évader to escape

évanouir to faint

l'évanouissement *m.* fainting

s'évaporer to evaporate

éveiller to awaken

l'événement *m.* event, occurrence

s'éventer to spoil

évidemment evidently

éviter to avoid

exact punctual

exactement exactly

l'exactitude *f.* exactness, correctness

l'examen *m.* examination; **passer un —** to take an examination

l'exaspération *f.* aggravation

s'exaucer to be fulfilled

excepté except, but
l'excès *m.* excess
exciter to arouse
l'exemple *m.* example; par —
for example
exercer to give practice
s'exercer to practice
exhausser to elevate
exiger to demand, require
expédier to dispatch
l'explication *f.* explanation
expliquer to explain
exprimer to express
s'extasier to go into ecstasies
extirper to remove
extraordinairement extraordinarily
l'exutoire *m.* means

la face face; en — opposite; — à
opposite; regarder en — to
look at directly
facétieux, facétieuse facetious
fâché sorry
fâcheux, fâcheuse annoying
la façon manner; de — à so as to
factice artificial, imitation
faible weak
la faiblesse weakness
la faïence crockery, earthenware
faire to do, to make; — dire à
to send word to; — grâce à to
spare; — la révérence to bow;
— peur à to frighten; —
sauter to spring; — signe de
to signal
le faisceau bundle
le fait fact, specialty; au — after
all, in fact; du — because of
le faîte top, summit
falloir to be necessary, need,
have to
la famille family
la fanfare band
le fantôme ghost, specter
fatidique fateful

la fatigue weariness
le faubourg suburb
faussement falsely
fausser to falsify
la faute fault
faux, fausse false
le faux-col detachable collar
feindre to pretend
les félicitations *f. pl.* congratula-
tions
féliciter to congratulate, compliment
la femelle female
la femme woman, wife
la fenêtre window
le fer à friser curling iron
ferme firm, steady
(se) fermer to close, shut; — à clef
to lock; — au verrou to bolt
la fête entertainment
le feu fire, flame, light; le coup
de — shot
le feuillage *m.* foliage
la feuille leaf, sheet of paper
feuilleter to leaf through
fidèle faithful
fiévreux, fiévreuse feverish
se figurer to imagine
filer (sur) to proceed (to)
le filet thread
le filigrane watermark
la fille girl, daughter; la jeune —
girl, young girl
la fillette little girl
le fils son
finalement finally
la fin end, ending; en — de
compte finally
finir to finish
fixement firmly, intently
le flacon container
flatteur, flatteuse flattering
le fléau beam, arm
la flèche arrow
la fleur flower
la floraison flowering

la **flore** flora
flotter to float, waver
la **fluidité** fluidity
la **foi** belief; **ma** — indeed
la **foire** fair
la **fois** time; **à la** — at the same time; **une** — once
la **folie** madness
la **fonction** duty
le **fonctionnaire** official, civil servant
le **fond** bottom, depth; **à** — in depth; **du** — in the back; **la lame de** — ground swell
fondre to melt
la **fonte** cast iron
le **forain** peddler
forcené frantic, mad
la **force publique** police force
la **forêt** forest
fort (*adj.*) strong; (*adv.*) well, very much
fortement strongly
fou, folle mad, crazy
la **foudre** thunderbolt, lightning
le **fouet** whip
la **foule** crowd, throng
la **fourmi** ant
fracasser to smash
fraîchement freshly, recently
la **framboise** raspberry
franchement openly
la **franchise** frankness, candor
le **franc-maçon** freemason
frapper to strike, hit; — **un coup à la porte** to knock on the door
frémir to shudder, tremble
le **frémissement** quivering, trembling
le **frère** brother
friser to touch upon, curl; **le fer à** — curling iron
le **frisson** shiver, shudder
froid cold

le **froissement** clash
frôler to touch lightly
le **front** forehead, brow
fuir to flee
fulgurant flashing
la **fumée** smoke

la **gabegie** muddle
le **gagnant** winner
gagner to win, take over
gai cheerful
le **gaillard** sly fellow
le **gain** winning
la **gaîté** gaiety
le **gant** glove; **le** — **d'agneau** kid glove
ganté gloved
la **gantière** one who sells gloves
le **garçon** boy
le **garde** watchman; **la** — watch (ing); **être de** — to be on guard; **mettre en** — to warn; **prendre** — to be careful
le **garde-champêtre** rural policeman
garder to protect; **se** — **de** to take care (not to), beware of
la **garnison** garrison
gâter to spoil
le **gâtisme** senile decay
le **gaz** gas
le **gazon** lawn
le **géant** giant
geler to freeze
gênant embarrassing, awkward
la **gendarmerie** headquarters
gêner to inconvenience, bother
généreux, généreuse generous
le **génie** genius; **le** — **militaire** engineering corps
le **genre** kind, sort
les **gens** *m. pl.* people
gentil, gentille nice, kind
la **gentillesse** graciousness
le **geste** gesture

gesticuler to gesticulate
le **gibier** game
gifler to slap
la **glace** mirror, ice
glacé frozen, chilled
glisser to slip
la **glissière** groove
la **glotte** glottis
la **gomme** eraser
la **gorge** throat
le **gouffre** abyss
la **gourmandise** greediness, gluttony
goûter to enjoy, appreciate
la **goutte** drop
le **gouvernail** rudder, helm
le **gouverneur** governor
la **grâce** grace, charm; **faire** — à to spare; — à thanks to
les **graffiti** (*m. pl.*) *rudely scratched inscriptions found on rocks, walls, vases*
la **graminée** grass
grand tall, great
la **grandeur** importance, greatness
le **grand-oncle** great uncle
le **grand-père** grandfather
gratter to scratch
gratuitement gratuitously, freely
le **gravier** gravel
la **gravure** engraving
le **gré** liking, taste; **à son** — to his taste
grec, grecque Greek
la **grenade** pomegranate
grimper to climb up
le **gringalet** "shrimp," puny fellow
gris grey
gros big, bulky
grossir to increase
guérir to cure
la **guerre** war
le **guet-apens** trap

la **guise** manner; **à sa** — as one pleases

habile clever
habilement cleverly
habiller to clothe
s'**habiller** to dress
l'**habitant** *m.* inhabitant
habiter to inhabit, live
l'**habitude** *f.* habit, custom
habituel, habituelle usual, customary
habituer to accustom
la **haie** hedge
l'**haleine** *f.* breath
le **hall** room
le **hanneton** may-bug
hanter to haunt
la **hantise** obsession
le **haras** stud farm
le **hasard** chance, luck; **au** — at random; **au** — **de** depending upon
se **hâter** to hurry up
haut high
l'**herbage** *m.* pasture
herboriser to botanize
le **hérisson** hedgehog
hermétiquement hermetically
le **hêtre** beech tree
l'**heure** *f.* hour, time; **dans l'**— right away; **tout à l'**— in a little while, a little while ago
heureux, heureuse happy
heurter to run into
se **heurter** to collide
hier yesterday
l'**histoire** *f.* story, history, matter
l'**hiver** *m.* winter
l'**hivernage** *m.* winter season
l'**homme** *m.* man
honnête honest
l'**honneur** *f.* honor
la **honte** shame
l'**horloge** *f.* clock

l'horloger *m.* clock- and watch-
maker
l'horreur *f.* horror
hors out, outside; — de cause
out of the question; — de
doute beyond doubt
l'hôtellerie *f.* inn
la houle swell, surge
s'huiler to lubricate itself
humainement humanly
l'humeur *f.* mood
humiliant humiliating
humilier to humiliate
hypocrite hypocritical
hypocritement hypocritically

ici-bas here below, on earth
l'idée *f.* idea
identique very same
l'if *m.* yew tree
ignoré unknown
ignorer to be unaware of
l'île *f.* island
illico at once
imaginaire imaginary
immédiatement immediately
immobile motionless
impalpable intangible
importer to be of importance;
peu importe it doesn't matter
l'importun *m.* unwelcome person
l'imposture *f.* deception, trick-
ery
l'impôt *m.* tax
impressionner to impress
l'imprévu *m.* unexpected
improviste: à l'— unexpectedly
l'impuissance *f.* helplessness
impunément with impunity
inattendu unexpected
l'incendie *m.* fire
l'incertitude *f.* uncertainty,
doubt
(s') incliner to bow
inclus included
inconnu unknown
l'inconscient *m.* unconscious

l'inconvénient *m.* disadvantage
l'indécence *f.* immodesty
l'index *m.* forefinger
l'indice *f.* indication
indigne unworthy
indiquer to indicate
l'individu *m.* individual
indivis joint, undivided
indomptable unconquerable
inédit new, original
inexistant nonexistent
inexpliqué unexplained, unac-
counted for
l'infini *m.* infinite
infliger to inflict
s'ingénier to exercise one's wits
ingrat ungrateful
innombrable innumerable
inquiétant disturbing
inscrire to write down
insignifiant insignificant
insensé senseless
insolite unusual
l'inspecteur *m.* inspector
instable unstable
s'installer to settle
l'instant: à l'— at the moment
instituer to institute
l'institutrice *f.* teacher
l'insu: à l'— without the knowledge
insuffisant insufficient
insupportable intolerable
interdire to forbid
intéressant interesting
intéresser to interest; s'— à to
be interested in
l'intérêt *m.* interest
l'intermède *m.* interlude, intermezzo
l'intermezzo *m.* intermezzo
*(short light piece between
longer, more serious works)*
interroger to question
intervenir to step in
intime intimate
l'intimité *f.* closeness, intimacy

l'intrigue *f.* matter
introduire to introduce
inutile useless
inversement inversely
l'invite *f.* invitation
irréfutablement indisputably
isoler to isolate
l'itinéraire itinerary
l'ivrogne *m.* drunkard

jadis formerly, once
jaillir to spring forth
la jalousie jealousy
jaloux, jalouse jealous
jamais never, ever
la jambe leg
la jaquette morning coat
la jarretière garter
jeter to set up
le jeu game; être en — to be at stake
jeune young; la — fille (young) girl
la jeunesse youth
la joie delight
se joindre to join, unite
joint *p.p. of* joindre
joli pretty
jouer to play
jouir to enjoy
le jour day; en plein — in broad daylight
la journée day
le juge de paix police court magistrate
le jugement judgment
juger to judge, decide, think
juin June
jusqu'à even to the point of, to; jusqu'ici until now
juste exact, just; au — exactly
justement precisely
justifier to justify

le kilomètre kilometer (.624 *miles*)

là here, there

là-bas over there
laborieux, laborieuse hard-working
le lac lake
lâche coward
lâcher to let go, release
là-dedans in there, within
là-haut up there
laid ugly
laïque secular
la laisse: tenir en — to keep on a leash
laisser to let, allow
le lait milk
le laitier milkman
la lame de fond ground swell
la lampe électrique flashlight
le lance-pierres slingshot
lancer to throw
le langage language
la langue language, tongue
largement amply
la leçon lesson
léger light
lentement slowly
lever to raise; — la séance to close the meeting
le lever getting up
se lever to get up
la lèvre lip
la liaison relationship
libérer to free
la liberté freedom
libraire *m. & f.* bookseller
licencieux, licencieuse licentious
le lien tie, bond
le lieu place; au — de instead of
la lieue league (*2.4 miles*)
la ligne line
limousin native of Limoges
liquider to settle
lire to read
la lisière edge, border
lisse smooth
littéraire literary
le local premises
le locataire tenant

loger to lodge, house
se loger to place oneself
logique logical
loin far
lointain distant, remote
longtemps a long time, long
longuement slowly
le losange lozenge
le lot en argent cash prize
la loterie lottery
lotir to divide
le lotissement allotment
louer to rent
le loup wolf; le piège à —s mantrap
lourd heavy
la loyauté honesty
lu p.p. of lire
la lueur gleam, glimmer
luisant: le ver — glowworm
la lumière light; le siècle des —s
   enlightened century
la lune moon
la lutte struggle
le luxe luxury
le lycéen pupil, schoolboy
le lyrisme lyricism

mâcher to mince
la machine pneumatique air
   pump
la mâchoire jaw
le magasin shop, store
magnifique magnificent
la main hand
maintenant now
le maire mayor
la mairie town hall
mais but
la maison house
le maître master
la maîtresse d'école teacher
le mal evil, harm
mal badly, poorly, bad; pas —
   de quite a few
malade sick

la maladresse clumsiness
maladroit clumsy
maléfique evil
malencontreux, malencontreuse
   unfortunate
le malfaiteur evildoer
malgré in spite of
le malheur misfortune, bad luck
malheureusement unfortunately
malhonnête dishonest
la malignité spitefulness
malin, maligne shrewd
malingre sickly, puny
le mandat mandate
la mandragore mandrake
manger to eat
manier to manage, handle
la manière manner, way
se manifester to appear
le manilleur one who plays manille (French card game)
le manque lack
manquer to lack, fail, be miss-
   ing, miss
le marais marsh, bog
la marche walk
le marché market
marcher to walk
la mare (stagnant) pool
le maréchal-ferrant blacksmith
le mari husband
marier to marry
la marine Navy
mars March
le martinet strap
la masure shanty, hovel
le matin morning
mauvais bad
la médaille medal
la méduse jellyfish
se méfier de to beware of
mégarde: par — inadvertently
meilleur better; le — best
le mélange mixture
mêler to mix, mingle
le melon bowler hat

même even, very, itself; **quand — ** just the same

la **mémoire** memory

ménager to arrange

mener to lead; **— en promenade** to take for a walk

le **mensonge** lie

mensonger lying, untrue

mensuel, mensuelle monthly

mentir to lie

méprisable contemptible

mépriser to despise

la **mer** sea

(le) **mercredi** Wednesday

le **merle** blackbird

merveilleux, merveilleuse wonderful

merveilleusement wonderfully

les **mesdemoiselles** *f. pl.* ladies

le **Messie** Messiah

les **messieurs** *m. pl.* gentlemen

le **métier** trade, profession

le **mètre** meter *(3.281 feet)*

mettre to put, place, take; **— en garde** to warn; **— sous séquestre** to sequester someone's property; **se — à** to begin to; **se — à la recherche de** to seek out; **se — en route** to start out

les **meubles** *m. pl.* furniture

le **meurtre** murder

la **miette** crumb

le **mieux** the best

le **milieu** middle

le **militaire** soldier

militaire: le génie — engineering corps

le **mille-pattes** centipede

le **milliard** billion

le **millier** (about) a thousand

mimer to mimic

la **mine** look, appearance

minime small

(le) **minuit** midnight

minuscule minute

la **minute** minute; **à la —** immediately; **à la — où** at the very moment that

le **miroir** mirror

le **miroitement** flashing, gleaming

modeler to model

le **moindre** the least

moins less; but, except for; **à — que** unless; **au —** at least; **du —** at least; **le —** the least

le **mois** month

la **moitié** half

molle *see* **mou**

le **moment** moment; **en ce —** just now

mondain worldly

le **monde** world; **le bas —** underworld; **tout le —** everybody

monologuer to soliloquize

le **monsieur** gentleman

la **montagne** mountain

monter to climb, spiral, set

montrer to show

la **morale** morals

moralement morally

le **morceau** piece

mordiller to nibble

mordre to bite

la **mort** death

le **mort** dead person

mort *p.p. of* **mourir**

mortel, mortelle mortal

le **mot** word

le **motif** reason

la **motocyclette** motorcycle

mou, molle soft

mourir to die

se **mouvoir** to move

le **moyen** way, means

muet, muette mute

munir to furnish, equip

murer to wall up

myope myopic

la **myriade** countless, numerous

le **mystère** mystery

mystérieux, mystérieuse mysterious

la **mystification** hoax

la **naissance** birth
naître to be born
nature: champagne — pure champagne
naturellement naturally
le **néant** nothingness
la **négligence** carelessness; **par —** through an oversight
négliger to neglect
le **négociant** merchant
le **nègre** Negro
la **neige** snow
le **nerf** nerve
nerveux, nerveuse nervous
net, nette flawless
nettoyer to clean
neuf, neuve new
le **nez** nose
le **niais** simpleton
la **nigaude** simpleton
le **niveau** level
la **noce** wedding
nocturne nocturnal
noir black
la **noisette** hazelnut
le **nom** name
nommer to name
le **notaire** notary
la **notation** grading
la **note** grade, mark
noter to take note of; **notez** mind you
nourrir to feed
la **nourriture** food
le **nouveau** new; **à —** again; **de — again**
nouveau, nouvelle new
le **noyé** drowned man
noyé tearful (eye)
noyer to drown
se **noyer** to drown oneself
nu naked; **— -tête** bareheaded

le **nuage** cloud
nuire to harm
la **nuit** night; **la tombée de la —** nightfall; **le veilleur de —** night watchman
la **nuque** nape of the neck
obéir to obey
l'**obéissance** f. submission
l'**obésité** f. obesity
l'**objet** m. object
obstiné obstinate
s'**obstiner à** to persist in
obtenir to bring about, obtain
s'**obtenir** to be obtained
l'**occasion** f. opportunity, chance
occupé busy
s'**occuper à** to busy oneself with
s'**occuper de** to worry about
océanien, océanienne of the South Sea Islands
odieux, odieuse odious
l'**œil** m. eye; **le clin d'—** wink
l'**œuf** m. egg
l'**œuvre** f. (charity) work
offrir to offer
l'**oie** f.: **le caca d'—** gosling, green (lit.: goose dung)
oindre to anoint
l'**oiseau** m. bird
oisif, oisive idle, lazy
l'**ombre** f. shadow
l'**ombrelle** f. parasol
l'**onde** f. wave
l'**ondine** f. water sprite
l'**ongle** f. fingernail
or now
l'**or** m. gold
l'**orage** m. thunderstorm
l'**ordonnance** f. order, enactment
ordonner to order
s'**ordonner** to arrange oneself
l'**oreille** f. ear; **boucher les —s** to refuse to hear; **dur d'—** hard of hearing
s'**orienter** to direct oneself

l'Orion *m.* Orion (*a constellation near the equator*)

l'ornithorynque *m.* duckbilled platypus

l'orpheline *f.* orphan

l'orphelinat *m.* orphanage

l'os *m.* bone

osciller to sway

oser to dare

l'oubli *m.* forgetfulness, oversight

oublier to forget

outré exaggerated

outre-tombe from beyond the grave

l'ouverture *f.* opening

l'ouvrière *f.* shop worker

(s')ouvrir to open

le pain bread

paisible peaceful

la paix peace; le juge de — police court magistrate

le palais palace

pâlir to become pale

le panneau placard

le paquebot steamer

(le) Pâques Easter

le paquet package

par by, with

les parages *m. pl.* parts

paraître to seem, appear

par-dessus over, above; — le compte in addition to everything else; — tout above all else

pareil, pareille such

parer to adorn

la paresse laziness

parfait perfect

parfaitement perfectly

parfois sometimes

le parfum perfume

parier to bet

parler to speak

parmi among

la parole word

le parquet court

la part share; à — besides

partager to divide, share

particulier special

particulièrement particularly

la partie party (people), part

partir to leave

partout everywhere

parvenir to reach, attain

le pas step, threshold

pas mal quite a few

le passage passage, crossing; le — à niveau grade level crossing; donner — à quelqu'un to let someone enter

le passant passer-by

le passé past

passer to pass, spend, turn to; — un examen to take an examination

se passer to happen, take place

le passereau sparrow

passionné impassioned, ardent

passionnément passionately

patiemment patiently

la patrie country

la patte paw; la — de derrière hind paw

la paupière eyelid

pauvre poor

le pays country

le paysage landscape, scenery

la peau skin

la pêche fishing

le pêcher peach tree

la pédagogie pedagogy

le peigne comb

peigner to comb

peindre to paint

la peine trouble; à — scarcely, hardly

peint *p.p. of* peindre

la pelure peel

pendant for, during

pendant que while

se **pendre**   to hang oneself
le **pendu**   one who has been hanged, one who has hanged himself
la **pendule**   clock
pénétrer   to penetrate
péniblement   painfully
penser   to think, imagine
le **percepteur**   tax collector
perdre   to lose
se **perdre**   to lose one's way
le **père**   father
périssable   perishable
la **permanence**   permanence; **en — permanent**
permettre   to permit, allow; **permettez**   excuse me
la **perruche**   parakeet
personne . . . ne . . .   no one
la **pesanteur**   weight
peser   to weigh
la **peste**   plague
petit   small; **les —s**   the children
peu   little; **à — près**   almost; **— à —**   little by little; **— importe**   it doesn't matter; **un — slightly**
le **peuple**   people
la **peur**   fear; **avoir —**   to be afraid; **faire — à**   to frighten
peut-être   perhaps
le **pharmacien**   druggist
la **philharmonique**   philharmonic (*name of a musical society*)
le **philosophe**   philosopher
la **phrase**   sentence
le **physicien**   physicist
physiquement   physically
picorer   to pick up
la **pièce**   room
le **pied**   foot; **la pointe des —s**   tiptoe
le **piège**   trap, snare; **le — à loups**   mantrap; **tendre un —**   to lay a trap
la **pierre**   stone

piétiner   to stamp on
piller   to pillage, ransack
le **pique: la dame de —**   queen of spades
piquer   to puncture, appear through
le **pistolet**   pistol
piteux, piteuse   pitiable, woeful
la **pitié**   pity
le **pivert (le pic-vert)**   green woodpecker
la **place**   square
placer   to put, place
se **placer**   to take one's place
le **plafond**   ceiling
le **plaideur**   litigant
la **plainte**   moan, groan
plaire   to please; **se — à**   to take pleasure in
plaisanter   to joke, jest
la **plaisanterie**   joke
le **plaisir**   pleasure
le **plancher**   floor
le **platane**   plane tree
le **plateau**   scale, tray (*of a scale*)
plein   full; **en — cours**   in the middle of; **en — jour**   in broad daylight; **le — ciel**   the open sky
pleurer   to weep
pleuvoir   to rain
le **pliant**   folding chair
plonger   to plunge
la **pluie**   rain
la **plupart**   the majority
plus   more; **de — en —**   more and more; **ne . . . —**   no more, no longer
plusieurs   several
plutôt   rather
pneumatique: la machine —   air pump
la **poche**   pocket
le **poids**   weight
le **poignet**   wrist

le **poil** hair; **à —** naked
poilu hairy
le **poinçon** hole
point: ne . . . — not, not at all;
à — just in time
la **pointe** point, tip; **la — des
pieds** tiptoe
le **poisson** fish; **le — austral**
*constellation of the southern
hemisphere*
la **poitrine** chest
la **poix** tar, pitch
la **politesse** politeness
la **pommette** cheek bone
le **pompier: le commandant des —s**
fire chief
le **portail** portal
la **porte** door
portée: à la — de within reach
of
le **porte-liqueurs** rack for liqueurs
porter to carry, bear
se **porter** to turn to, fall upon,
rest; **se — garant** to answer
for
poser to place, put; **— une
question** to ask a question
se **poser** to settle, establish
la **poste: la boîte de la —** mailbox
le **poste** position
poster to station
se **poster** to take up a position
le **pot** jug
la **potiche** large vase; **le ventre de
—** potbelly of a vase
le **pouce** inch
le **poumon** lung
pourchasser to pursue
le **pourpoint** doublet
pourpre purple, crimson
pour que so that
pourquoi why
pourtant nevertheless, however
pourvu que provided that
la **poussée** thrust

pousser to push; **— un cri** to
utter a cry
la **poutre** beam
le **pouvoir** power
pouvoir to be able
la **prairie** meadow
pratique practical
pratiquer to practice
le **pré** meadow
précédent preceding
précieux, précieuse precious
précipitamment in a hurry
précipiter to hurry, hasten
se **précipiter** to dash
le **précis** exact, precise
précisément precisely, exactly
la **préfecture** prefecture, district
governed by a prefect
le **préjugé** prejudice
prendre to take, assume; **—
congé** to take leave; **— connaissance de** to inquire into;
— garde to be careful; **—
le contrepied** to take the opposite view; **— la retraite** to
retire
se **prendre** to catch, be caught
le **prénom** first name
se **préoccuper de** to give one's attention to
près near; **à peu —** almost;
regarder de — to look at
closely
presque almost, nearly
prêt ready
prétendre to claim, maintain
prétendu alleged
prêter to lend
la **preuve** proof
prévenir to inform, apprise
prévenu prejudiced, biased
la **prévision** forecast
prévoir to foresee
prévoyant farsighted
le **prévu** foreseen
prier to ask

primaire primary
prime first-rate
la prime bonus
le principe principle
le printemps spring
pris *p. p. of* prendre
priver to deprive of
procéder to head towards
prochain next
proche at hand, near
le prodige wonder
le produit product
profiter de to take advantage of
profond deep
la proie prey
la promenade walk; mener en — to take for a walk
se promener to go for a walk
promettre to promise
promis *p.p. of* promettre
promptement promptly
prononcer to say, utter
le propos remark; à — de regarding
propre own
le propriétaire landlord, owner
la propriété property
le protégé protégé, dependant
protéger to protect
prouver to prove
provençal of Provence (*area in southeastern France*)
provenir to originate, come from
provisoirement temporarily
provoquer to provoke
la prune: la tarte aux —s plum pie
la prunelle pupil (*of the eye*)
publique: la force — police force
la puce flea
la pudeur modesty, sense of decency
puis next, then
puisque since

la puissance power
puissant powerful, strong
le puits well
pulluler to swarm
punir to punish
la pureté purity
purifier to purify, cleanse

quand when; — même just the same
quant à as for
le quart quarter
que: ne . . . — only
quelque some, any —s a few
quinquennal quinquennial
quitter to leave
quotidien, quotidienne daily
qu'y a-t-il encore? what's the matter now?

la racine root
raconter to tell
le raffinement refinement
railler to make fun of, laugh at
la raison reason, justification; avoir — to be right; en — de by reason of
raisonnable reasonable
ramener to bring back
rappeler to remind
se rappeler to recall
le rapport relation, relationship; par — à with regard to
se rapporter à to have reference to
rapprocher to bring nearer
ras: à — de on the level of
rassembler to collect, gather together
se rassurer to feel reassured, set one's mind at ease
le ratissage raking
rattraper to catch again
ravitailler to supply
rayer to remove
le rayon ray
receler to harbor, conceal
le recensement census

le **récepteur** hearing aid

la **recette** recipe

le **receveur, la receveuse** tax collector

recevoir to receive

le **rechange: les binocles de —** extra pair of glasses

la **recherche** search; **se mettre à la — de** to seek out

rechercher to search for

le **récit** account

réclamer to ask for

recommandable respectable

reconnaître to recognize

le **recours** recourse

recouvert *p.p. of* **recouvrir**

recouvrir to cover

reçu *p.p. of* **recevoir**

se **reculer** to step back, move back

redevenir to become again

la **redingote** frock coat

redire to repeat

redouter to dread, fear

réel, réelle real

réduire to reduce

refaire to do over again

le **reflet** reflection

le **reflux** ebb, surging back

refouler to drive back

le **regard** glance

regarder to look at; **— de près** to look at closely; **— en face** to look at directly; **se — de biais entre eux** to look sideways at one another

se **régler** to guide oneself

le **règne** reign

régner to reign, rule

régulièrement regularly

réhabiliter to rehabilitate

rehausser to enhance

rejeter to reject

le **rejeton** descendant

rejoindre to join

se **rejoindre** to meet (again)

relever to raise up again

religieux, religieuse religious

remarquer to notice, remark

le **remède** remedy

le **remerciement** thanks

remercier to thank

remettre d'aplomb to place upright again

remplacer to replace

remplir to fulfill, fill

remporter to carry off

remuer to move, stir

renaître to be born again, reappear

(se) **rencontrer** to meet

rendre to make, render, return, turn to; **— compte de** to give an account of; **— hommage à** to pay homage to; **se — compte de** to realize

renoncer to renounce

renseigner to inform

renverser to turn over

répandre to shed

repartir to start again

le **repas** meal

répéter to repeat, rehearse

répondre to answer

la **réponse** answer

le **repos** rest, peace

se **reposer** to rest

reprendre to recapture

le **représentant** representative

la **représentation** performance

le **reproche** reproach

reprocher to reproach

résonner to resound

respectueusement respectfully

respirer to breathe

la **ressemblance** resemblance

ressembler: — à to look like; **se — à** to be alike, look alike

ressentir to feel, experience

ressortir to bring out

le **reste** remainder

rester to remain

restreindre to restrict

restreint *p.p. of* **restreindre**

le **résultat** result
le **retard** delay
　　retarder to set back
　　retenir to retain
　　retenu *p.p. of* retenir
se **retirer** to leave
se **retourner** to turn around
la **retraite** retirement; **prendre la**
　　— to retire
　　retrouver to find
se **retrouver** to meet again
la **réunion** meeting
　　réunir to unite, join together
se **réunir** to meet, gather together
　　réussir to succeed
　　réussi: fort — very successful
le **rêve** dream
le **réveil** awakening
　　réveiller to awaken
se **réveiller** to wake up
le **revenant** ghost
　　revenir to return, come back
　　rêver to dream
la **révérence** reverence; **faire la**
　　— to bow
　　revêtir to assume
　　revoir to see again
la **richesse** wealth
　　ridicule ridiculous
　　rien: ne . . . nothing
　　rire to laugh
le **rire** laughter, laughing
　　risquer to risk
la **rixe** brawl
le **riz** rice
la **robe** dress
　　rôder to prowl about
le **roi** king
　　rompre to break
　　ronfler to snore
　　ronger to eat away
le **rongeur** rodent
　　rose rosy, pink
　　rosé pink
le **roseau** reed
le **rôtisseur** cook-shop proprietor

rouge red
rougir to turn red
la **rousse** redhead
la **route** path, road; **se mettre en**
　　— to start out
rudoyer to treat roughly
le **ruisseau** brook, stream
ruisseler to trickle, stream
　　down
la **rumeur** distant murmur

le **sac** bag
sacrifier to sacrifice
la **sagesse** wisdom
sain healthy
(se) **saisir** to seize, grasp
la **saison** season
le **salon** drawing room
salubre salubrious
le **salut** greeting
le **sang** blood
sanglant bloody
le **sanglot** sob
la **sangsue** leech
sans without; — **arrêt** without
　　stop; — **doute** doubtlessly;
　　— **entrain** half-hearted; —
　　terme endlessly
saper to undermine
le **sapin** fir tree
satisfaisant satisfying, satisfac-
　　tory
satisfait satisfied
sauf except (for)
le **saule** willow
sauter to jump (about); **faire**
　　— to spring
sautoir: en — crosswise
sauvagement savagely
sauvegarder to safeguard
sauver to save
se **sauver** to escape, leave
savoir to know
le **savoir** knowledge
la **scarlatine** scarlet fever
la **scène** scene, stage

la **séance** meeting; **lever la —** to close the meeting
seconder to support
le **secours** help, aid; **au —** help
le **secrétaire** writing desk
secrètement secretly
le **séducteur** seducer
le **sein** breast
selon according to
la **semaine** week
semblable alike, similar
sembler to seem
le **sens** sense (*of touch, etc.*), meaning; **le bon —** common sense
sensé sensible
le **sentiment** feeling
(se) **sentir** to feel
séparer to separate
le **séquestre** sequestration, isolation; **mettre sous —** to sequester someone's property
sérieusement seriously
sérieux, sérieuse serious
le **sérieux** seriousness
le **serin** canary
servir to serve
seul only, alone, single
seulement only
si if, yes
siamois Siamese
le **siècle** century; **le — des lumières** enlightened century
siffler to whistle
signaler to point out
le **signe** sign; **faire — de** to motion to, signal
silencieux, silencieuse silent, taciturn
le **sillage** track, wake (*of ship*)
simpliste simplistic, oversimple
le **singe** monkey
singulier singular, remarkable
sinon otherwise, if not
sobre temperate

la **sœur** sister; **la supérieure des bonnes —s** Mother Superior
la **soie** silk
le **soir** evening
le **sol** earth
solaire solar
le **soleil** sun; **le — couchant** setting sun
le **sombre** somber, dark
sombrer to sink
la **somme** sum, amount· **en —** in short
le **sommeil** sleep
le **sommet** top, summit
la **somnambule** sleepwalker
le **son** sound
songer to think, imagine
la **sonnaille** cattle bell
sonner to strike, sound
la **sorcellerie** witchcraft, sorcery
la **sorcière** witch
le **sort** fate, chance
sorte: de — que so that
la **sortie** excursion
sortir to go out, get out
la **sottise** folly
le **sou** sou (*five centimes—in familiar but no longer official use*)
soudain suddenly
soudoyer to bribe
le **souffle** breath (*of air*)
souffler to whisper
souffrir to suffer, allow
le **soufre** sulphur
le **souhait** wish, desire
souhaiter to wish; **— la bienvenue** to welcome
soulever to raise up
souligner to emphasize
le **soupçon** suspicion
soupçonner to suspect
soupeser to feel the weight of
la **source** spring
sourd deaf
sourire to smile

le **sourire** smile
sous under
la **sous-préfecture** subprefecture
le **sous-préfet** subprefect
soustraire to shield
soutenir to support
le **souterrain** underground
souvent often
le **spectre** ghost, spirit
le **squelette** skeleton
le **stade** stadium (*Greek linear measure*)
sternutatoire sternutatory (*likely to provoke sneezing*)
le **suaire** shroud
subitement suddenly
subsister to exist
succéder to succeed
le **sucre** sugar
le **sud: la croix du —** Southern Cross (*constellation of four bright stars in the southern hemisphere*)
suffire to suffice, be enough; **il suffit** that's enough
suffisamment sufficiently
suffoquer to be overcome
la **suite** continuation; **à la — de** following
suivant next, following
suivre to follow
le **sujet** subject; **au — de** concerning
la **supérieure des bonnes sœurs** Mother Superior
supplier to beg, beseech, implore
supporter to support, bear
sûr sure; **à coup —** certainly
sûrement surely
la **sûreté** safety
surgir to appear, come into view
surhumain superhuman
sur-le-champ at once
surnaturel, surnaturelle supernatural

le **surnaturel** supernatural
surprendre to surprise
surtout especially, above all
surveiller to oversee
survenir to arrive, occur
la **survivance** survival
susceptible easily-offended
sympathique sympathetic
la **synthèse** synthesis

le **tableau** board, picture
le **tablier de cheminée** register of the fireplace
la **tache** spot
la **tâche** task
la **taille** height
le **taillis** coppice
se **taire** to be quiet; **taisez-vous** keep quiet
le **tampon** stopper, plug
tant so much, so many; **en — que** in so far as; **— mieux** good; **— pis** too bad; **— que** as long as
tard late
tarder to delay
la **tarte aux prunes** plum pie
la **taupe** mole
le **teck** teak (wood)
teindre to dye; **teigne** *3rd person sing., pres. subj.*
le **teinturier** dyer
tel, telle such
tellement so
le **témoignage** testimony, evidence
témoigner to testify, give evidence
le **témoin** witness
le **temps** weather, time
tendre to lead, stretch out; **— un piège** to lay a trap
tendrement tenderly, softly
la **tendresse** tenderness
tenir to have, hold; **— à** to insist upon; **— au courant** to keep up to date; **— en laisse** to keep on a leash; **— le coup**

to withstand the blow; **se —
debout** to stand up

la **tentative** attempt

tenter to tempt

le **terme** end, limit; **sans —** endlessly

terminer to end, bring to a
close

se **terminer** to end, come to an
end

ternir to tarnish

le **terrain** piece of land; **le — de
golf** golf course

la **terrasse** terrace

la **terre** earth, land; **à —** on the
ground

terrestre earthly

terriblement terribly

le **tertre** mound, knoll

la **tête** head, top

tiède tepid, lukewarm

le **timbre** quality

le **timbre-poste** postage stamp

tinter to sound

le **tirage** drawing

le **tire-bouchon** corkscrew

tirer to draw, shoot

le **tiroir** drawer

la **titulaire** regular teacher

la **toilette** dress

la **tombe** tomb

la **tombée de la nuit** nightfall

tomber to fall

le **ton** tone

le **tort** wrong; **avoir —** to be
wrong

la **tortue** turtle

touché touched

toucher to touch, reach

toujours always

le **tour** turn

la **tour** tower

la **tourbe** mob, rabble

le **tourment** torment

la **tournée** round; **être en —** to
make one's rounds

tourner to turn

tous all; **— deux** both

tout all, whole, completely;
en — in all; **par-dessus —**
above all else; **— à coup** suddenly; **— à fait** quite; **— à
l'heure** in a little while, a little
while ago; **— d'un coup** suddenly; **— le monde** everybody

tracer to draw

trahir to betray

le **train** movement, pace; **être en
— de** to be engaged in

traire to milk

le **traitement** salary

trancher to cut

transmettre to pass on

transparaître to show through

le **travail** work

travailler to work

travailleur, travailleuse indus-
trious

travers: à — through

traverser to pass through

travestir to misrepresent

le **Triangle** *small constellation on
the edge of the Milky Way*

la **trompe** horn

tromper to deceive

se **tromper** to be mistaken

trop too, too much, too well

le **trot: les courses au —** trotting
races

le **trottoir** sidewalk

le **troupeau** herd, drove

trouver to find

se **trouver** to be

tu *p.p. of* **taire**

tuer to kill

la **tuile** tile

la **tumeur** tumor

l'**union** *f.* society, association

uniquement solely

user to make use of

utile useful

utiliser to utilize

le **vaccin** vaccine
vagabonder to wander
le **vague** vagueness, indefiniteness
vainement vainly
le **vallon** small valley
valser to waltz
la **vapeur** steam
vécu *p.p.* of **vivre**
la **veille** preceding day
la **veillée** evening (*spent in company*)
veiller to watch, watch out for
le **veilleur de nuit** night watchman
le **velours** velvet
vendéen, vendéenne of Vendée (*department in western France*)
vendre to sell
venir to come; — **de** to have just
le **vent** wind
le **ventre** belly; **le** — **de potiche** potbelly of a vase
les **vêpres** *f. pl.* vespers
le **ver** worm; **le** — **luisant** glowworm
se **vérifier** to confirm oneself
la **vérité** truth
le **verre** glass
le **verrou** bolt; **fermer au** — to bolt
verrouiller to bolt
vers towards
le **vers** verse
verser to pay
vert green
la **vertu** virtue; **en** — **de** by virtue of
la **vésicule biliaire** gallbladder
le **vêtement** clothing
vêtir to clothe, dress
vêtu *p.p.* of **vêtir**
la **viande** meat
le **vide** emptiness
vide empty
vider to empty

la **vie** life
le **vieillard** old man
vieux, vieille old
vif, vive alive
le **vigneron** vine-grower, vineyardist
vil low, vile
la **ville** town, city
le **vin** wine
le **visage** face
vis-à-vis with respect to
le **visiteur** visitor
la **vitrine** shop window
le **vivant** living
vivant living
vivre to live
les **vivres** *m. pl.* supplies, provisions
le **vocabulaire** vocabulary
le **vœu** wish
voici here is, here are
voilà there is, there are
voir to see
voisin neighboring, adjoining
le **voisin, la voisine** neighbor
le **voisinage** neighborhood
la **voix** voice
le **volcan** volcano
le **volet** shutter
volontaire willing
la **volonté** will, wish
la **volupté** pleasure
vomir to vomit
vouloir to want, wish; — **bien** to be willing; — **dire** to mean
la **voûte céleste** canopy of heaven
vrai true
vraiment really
vraisemblablement likely, probably
vu *p.p.* of **voir**
la **vue** sight
vulgaire common

y compris including
les **yeux** *m. pl.* eyes